Écoute les murs parler

L'autrice remercie le Centre national du livre
pour la bourse d'écriture qu'il lui a octroyée.

L'Iconoclaste remercie les Éditions Unes pour l'autorisation
de reproduire des extraits de *L'Homme qui penche* de Thierry Metz
@©Éditions Unes, 2017.

L'Iconoclaste,
26, rue Jacob, 75006 Paris
Tél. : 01 42 17 47 80
iconoclaste@editions-iconoclaste.fr
www.editions-iconoclaste.fr

IXCHEL DELAPORTE

Écoute les murs parler

Une saison à l'hôpital psychiatrique
de Cadillac-sur-Garonne

L'ICONOCLASTE

À la mémoire de Sophie de Sivry
et de Jean-Louis Clément

Seule sur un banc de pierre, je guette le moindre signe. Un merle vient picorer quelques miettes. L'air est doux. Il est 9 heures du matin. Dans l'attente, je ressens une légère accélération cardiaque. Une histoire est sur le point de commencer. L'impatience, mêlée d'inquiétude, des premières fois. Un chat noir slalome paisiblement entre les marronniers centenaires, puis disparaît derrière une maison en tôle et en bois. Soudain, apparaissant au détour d'une des nombreuses allées, une vieille dame marche à pas lents, des Crocs roses au pied, une longue robe fleurie et un sac de plage au bras. Elle s'assoit, raide, à côté de moi. Je lui souris. Elle me scrute. De sa bouche édentée s'échappe un bonjour déformé. Juché sur un vélo rutilant, un jeune homme noir aux traits fins roule comme une flèche.

Il me lance un regard sévère, puis se volatilise. Sorti d'un pavillon, un homme avec un casque sur la tête claudique jusqu'à nous. Massif et grimaçant, il me tend une main molle. Sa bouche, ourlée d'écume, demeure béante. Aussitôt, il fait volte-face, direction la poubelle la plus proche. Il fouille. J'entends des cris. De jeunes patients accourent par une allée fleurie en lui ordonnant d'arrêter. Sans broncher, il s'éloigne jusqu'à disparaître derrière un bosquet.

J'assiste à la naissance d'un continent. Plus de deux mille patients par an passent à l'hôpital psychiatrique de Cadillac. Ces hommes et ces femmes internés, sortis de différentes unités, sont comme des marionnettes endormies à qui l'on aurait donné vie. Un jeune homme blond aux yeux bleus perçants me tend la main en m'affirmant que je ne suis ni soignante ni soignée. Il a deviné qui je ne suis pas. C'est tout. Un autre, brun, les cheveux bouclés, m'aborde. Il s'appelle Guillaume. Je me présente à mon tour en expliquant que j'écris un livre sur l'hôpital et sur la ville. En mâchant ses mots, il m'apprend qu'il fait des raps, qu'il écrit lui aussi avec une feuille et un stylo. Puis me demande si on peut rapper sur internet. Cette phrase, il me la répétera à chaque fois qu'on se verra. J'apprendrai à lui répondre avec entrain que c'est bien de rapper. Et il sera satisfait de notre routine. Plus tard, un soignant me confiera, désolé, qu'il était bien plus vif et lucide à son arrivée, et que les médicaments l'ont anéanti. Guillaume vit à l'unité Marguerite, un pavillon de réhabilitation pour des patients stabilisés. Il fait partie de ceux qui bénéficient de permissions de sortie en ville, deux fois par jour. Il achète pour les autres. Il me propose d'aller, un jour, boire un Coca à Jeux de mots, le café-librairie de Cadillac. Il ferme ses yeux doucement sans attendre ma réponse. Il s'assoupit. Un filet de bave s'écoule sur son tee-shirt.

– Putain, j'en ai marre ! lance-t-il en se réveillant d'un coup. Je bave trop, c'est pas possible. C'est à cause des médicaments. Et mon ventre aussi. Ça m'énerve.

De profil, de sa grande carcasse filiforme, seul déborde son estomac gonflé.

Un homme d'une cinquantaine d'années en marcel blanc avance en fauteuil roulant. Un cure-dent blanc dépasse de sa bouche. Face à la machine à café, il sort quelques pièces de son pantalon de pyjama puis m'accoste. Je remarque une capsule ronde en plastique au niveau de sa gorge. Certainement une trachéotomie. Il se saisit d'un carnet et écrit à toute vitesse : « Bonjour, madame, qui êtes-vous ? » Il noircit la page. Marc aimerait bien me parler un jour. Il voudrait me raconter des choses mais pas ici, trop de monde. J'acquiesce. Il repart par là où il est arrivé. De dos, il lance un signe de la main. Le temps qui passe se compte ici en paroles.

Je marche vers la sortie en me promenant, comme si je visitais le parc boisé d'une belle propriété. Je longe des massifs de fleurs colorées au centre d'une allée verdoyante, des rangées de châtaigniers. Les pavillons sont disposés par blocs, dotés chacun d'une cour intérieure. Ils sont entourés d'un grand jardin à vocation thérapeutique, selon l'architecture asilaire du XIXe siècle, symétrique et néoclassique. Pour les psychiatres aliénistes, la symétrie symbolisait l'autorité, l'ordre et l'équilibre. À cette époque, les unités hébergeaient les pensionnaires en fonction de leur sexe et de leur degré d'agitation. Tout un programme défini par la loi du 30 juin 1838, qui obligeait chaque département à s'équiper d'un établissement psychiatrique et reconnaissait aux malades le droit aux soins et à une assistance spécialisée. À cette date, l'hôpital de Cadillac est officiellement agréé « asile d'aliénés ». Depuis 1970, une loi a décrété la sectorisation. Les malades sont regroupés suivant leur lieu d'habitation.

Je quitte l'hôpital. Rue Cazeaux-Cazalet, j'avance quelques mètres derrière une jeune femme emmitouflée, une béquille à la main droite et la laisse de son bouledogue dans l'autre. Les bâtisses en pierre de taille de deux étages ont les balcons aussi sculptés que rouillés. On imagine ce que furent ces anciennes maisons de maître du XVIIIe siècle, période où les riches marchands bordelais prospéraient en transportant le bois et le vin sur les gabares, le long de la Garonne. Aujourd'hui, elles sont découpées en lot et louées. Depuis les hautes fenêtres s'échappent des odeurs d'oignons et de viande. Le son de la télévision est mêlé aux voix d'enfants qui se chamaillent. Dans ces ruelles étroites, on devine au rez-de-chaussée quelques intérieurs sombres et négligés. Silhouette d'un homme de profil assis, torse nu, exhalant de la fumée de cigarette, face à un écran. La kitchenette est à peine dotée de deux plaques chauffantes et d'un vieux frigo. Soudain, la femme à la béquille s'engouffre dans un hall d'immeuble étroit, dégradé, Interphone défoncé, tags noirs sur les murs et une odeur prégnante d'urine. Je ralentis le pas. Nous habitons la même rue.

On m'avait dit de me méfier de la ville des fous. Je suis arrivée un lundi de juillet par la gare ferroviaire de Cérons, à une trentaine de kilomètres au sud de Bordeaux. Je suis la seule à descendre du TER. Il me reste à marcher deux kilomètres le long de la D11 pour rejoindre Cadillac. Le soleil tape fort. Les voitures roulent vite. Je traîne ma grosse valise à roulettes sur les graviers puis je prends une passerelle suspendue au-dessus d'une Garonne imposante. Entre les blocs de béton instables, un interstice me plonge directement dans l'eau. Je m'efforce de ne pas regarder vers le bas. Droit devant, j'aperçois la flèche d'une église et un agglomérat de maisons en pierre grises aux toits de tuiles rouges. Au niveau des remparts, une large avenue qui longe le fleuve avec quelques devantures de banques, kebabs et restaurants. Je passe sous la porte de la Mer, une tour faite de créneaux, qui se dresse tel un garde au milieu du mur d'enceinte.

J'ai loué un logement en centre-ville. Un ancien local commercial au rez-de-chaussée donnant sur la rue Cazeaux-Cazalet. Trois pièces rectangulaires en enfilade, cuisine, chambre, salle de bains. La grande baie vitrée est recouverte d'un film occultant qui m'empêche de voir l'extérieur. Le seul filet d'air passe par une minuscule meurtrière située au-dessus de la porte, que je peux entrebâiller à l'aide d'un manche en bois et d'un crochet. Je me précipite aussitôt dehors pour respirer. Je m'assois à la terrasse du bar PMU, sous un parasol face aux vieilles arcades de la mairie. Une voiture turbo rutilante aux vitres teintées débarque, le boum boum des basses saturées. L'homme qui conduit est accoudé à la vitre baissée, lunettes polarisées, cheveux plaqués. Il ralentit puis redémarre en faisant rugir son moteur et tourne autour de la place de la République comme dans un manège. Tout le monde se fige. Il a fait son effet. Puis chacun reprend son verre et sa conversation là où il les avait laissés. Le cœur de la ville bat lentement. Personne ne paraît pressé. On s'installe et on regarde les heures défiler.

Tout à coup, un troupeau de touristes américains débarque depuis la porte de la Mer. Avec son petit drapeau à la main, le guide les presse. Ils sont prêts à découvrir une bourgade à la française, l'image d'Épinal du village où il fait bon vivre. Ils entrent dans l'office du tourisme et en ressortent aussitôt, puis poursuivent leur route jusqu'à la première banque, située entre un magasin d'optique et la librairie, pour retirer des espèces. Nous les regardons remonter la rue piétonne du Général-de-Gaulle jusqu'au château ducal, qu'ils admirent de loin, vite fait, sans y entrer. Deux vieux, assis à côté de moi, les dévisagent et s'agacent avec leur fort accent du Sud-Ouest :

– Ils viennent là sans rien acheter, les Amerlocs !

Son camarade lui répond :

– Eh bé, oui, comme à chaque fois, ils ne font que passer. Si au moins ils achetaient un peu de vin de Cadillac, ça aiderait nos vignerons.

Au pas de course, le groupe redescend la rue pavée, portable à la main pour immortaliser la bastide, puis grimpe dans un car blanc rutilant, stationné sur les quais de la Garonne, en provenance de Bordeaux pour rejoindre Saint-Émilion, cité réputée du vin et classée au patrimoine mondial de l'Unesco. Intriguée par l'office du tourisme, je pousse à mon tour la lourde porte en verre. Pour ce premier jour d'immersion dans cette ville où je reviendrai pendant plusieurs mois, je suis moi aussi une sorte de touriste. Me parlera-t-on de l'histoire de la ville et de cet hôpital psychiatrique sur lequel j'ai choisi d'écrire un livre ?

Sur le présentoir, de nombreux ouvrages racontent l'histoire flamboyante du duc d'Épernon, Jean-Louis de Nogaret, seigneur de La Valette, né en 1554 et marié à Marguerite de Foix-Candale, richissime héritière de terres dans le Sud-Ouest, dont la seigneurie de Cadillac. D'autres livres dévoilent la qualité des vignobles de l'Entre-deux-Mers ou l'histoire de la Garonne. Je cherche une trace, quelle qu'elle soit, de l'hôpital psychiatrique. Je ne la trouve pas. Comme ces touristes américains, je pourrais facilement parcourir Cadillac sans même imaginer l'existence d'un tel hôpital et la place qu'il occupe. Puis repartir, avec la vague impression d'une charmante bourgade ancienne, un peu désuète mais pleine de grâce. Je pourrais.

Dans ce local climatisé flambant neuf, une hôtesse sort un plan et le pose devant moi. Je cherche les lieux dignes d'intérêt. La pointe de son stylo entoure le logo de l'office du tourisme pour situer notre emplacement. Puis elle me conseille de visiter le château du duc d'Épernon. Longer la bastide et admirer les deux portes, la porte de l'Horloge et la porte de la Mer. Elle suggère ensuite de sortir des remparts et, en passant devant la Maison des vins, d'entrer dans le cimetière des « gueules cassées » qui rend hommage aux soldats de la Première Guerre mondiale.

J'observe les aplats orange qui représentent le bâti. La moitié de la ville est écartée des points attractifs. Je demande à cette hôtesse à quoi correspond cet aplat sans indication. Elle répond que ce sont des bâtiments sans intérêt. Je me penche sur les minuscules lettres pour lire ce qui est indiqué : « Centre hospitalier spécialisé ». Le mot « centre » est presque illisible. Il est coupé par un panneau signalant en gros caractères « Ici Cadillac-sur-Garonne ».

Voilà quatre ans que je pense à Cadillac. Quatre ans à fantasmer un curieux mélange de genre, les patients, les habitants, les commerçants, les touristes. Quatre ans pendant lesquels j'ai rêvé d'une cité construite autour d'un hôpital psychiatrique, où des générations de malades se sont succédé, foulant les ruelles chargées d'une histoire vieille de plusieurs siècles. Une bourgade de deux mille huit cents âmes comme nulle autre pareille, teintée de déraison, de visages amochés, de démarches tordues, de soliloques. La légende de Gheel, petite ville belge de la province d'Anvers, ne raconte pas autre chose. Au VIIe siècle, Dymphna, princesse irlandaise, fut contrainte de fuir son père incestueux. Elle se réfugia dans la forêt de Gheel. Il finit par la retrouver et, refusant toujours de se marier, Dymphna fut décapitée par son père, rendu fou par le démon. Sainte patronne de la cité belge, la jeune femme devint aussi la protectrice des malades mentaux. Dès le XIIIe siècle, des familles paysannes commencèrent à héberger chez elles plus d'un millier de fous. Le dicton de la ville pourrait être celui de Cadillac : « La moitié de Gheel est fou et tout Gheel l'est à moitié. »

À Cadillac, l'hôpital doit au duc d'Épernon sa construction, à la mémoire de son épouse Marguerite de Foix-Candale, connue pour son immense bonté et son secours aux plus démunis. Lorsqu'elle meurt en couche à l'âge de 26 ans, il décide de fonder l'hôpital Sainte-Marguerite de la Charité en 1617 et de confier son organisation aux frères religieux de l'ordre de Saint-Jean-de-Dieu. Le duc ordonne la création de six lits pour les pèlerins pauvres et les passants nécessiteux auxquels les religieux devront offrir du pain et du vin pendant deux nuits. Les premiers malades mentaux sont accueillis à partir de 1760.

Voilà quatre ans que j'ai entendu évoquer pour la première fois Cadillac et son hôpital comme d'un bassin d'emploi incontournable de la région bordelaise. Une phrase a tout déclenché. Celle d'une jeune lycéenne alors que j'enquêtais sur les travailleurs de la vigne dans le Bordelais*. C'était la fille d'une éboueuse. Nous marchions sur les quais de la Dordogne, à Libourne, et je lui ai demandé ce qu'elle projetait après ses études. Elle a répondu que soit elle partirait travailler à la vigne, soit elle se ferait embaucher à l'hôpital psychiatrique de

---

* *Les Raisins de la misère*, Éditions du Rouergue, 2018.

Cadillac comme agent d'entretien. Elle avait pointé son doigt vers l'Entre-deux-Mers, ce bout de terre enserré entre la Garonne et la Dordogne. Sa phrase s'est gravée en moi. Sans la connaître, la ville des fous a provoqué un tel séisme intérieur que l'idée de m'immerger dedans ne m'a plus quittée. En janvier 2022, je prends contact avec le directeur délégué de l'hôpital, Philippe Marlats, pour lui exposer mon projet. Lui et le directeur général, Patrick Faugerolas, acceptent rapidement. Ils me donnent carte blanche. Le maire de la ville, Jocelyn Doré, ancien cadre socio-éducatif à l'hôpital psychiatrique de Cadillac et président du conseil de surveillance, m'accueille à bras ouverts. La voie est libre.

Tout est silencieux. Il serait donc possible de ne rien voir, de ne rien entendre, de ne rien remarquer. Ou plutôt de s'en tenir à la surface, longer les hauts murs d'enceinte de l'hôpital psychiatrique de Cadillac sans jamais entrer. Voilà précisément quatre cent quatre ans que l'hôpital Sainte-Marguerite de la Charité se dresse ici. J'entreprends d'en faire le tour et choisis comme point de départ la seule et unique entrée officielle, au 89 de la rue Cazeaux-Cazalet. Plus je marche et plus le paysage se minéralise. Dans un tournant, le mur s'arrondit, de grands arbustes fleurissent à ses pieds. Après un stop, la rue Cazeaux-Cazalet devient une route départementale. Sur le trottoir d'en face, un autre muret duquel dépassent des croix en pierre, en fer, et des pierres tombales en marbre gris. En arrière-plan du cimetière, j'aperçois un très haut bâtiment protégé par des barbelés. Un panneau indique : « UMD Boissonnet ». C'est l'unité pour malades difficiles. Une unité de l'hôpital psychiatrique qui renferme, comme dans un quartier de haute sécurité, les patients qui présentent « un état dangereux majeur, certain ou imminent pour eux-mêmes ou pour la société ».

Enfin, une clôture métallique couleur rouille marque la présence d'un deuxième cimetière, celui des Oubliés. Je pose le pied dans un lieu de mémoire officiel. Sur un terrain rectangulaire se déploient neuf cent trois sépultures de malades et des croix métalliques sagement alignées sur un parterre de mauvaises herbes. Les plaques nominatives ont pour la plupart disparu. En réalité, sous cette terre déshydratée se mêlent les corps de quatre mille malades mentaux de l'hôpital psychiatrique enterrés entre 1920 et 2000. Quelques tombes sont ornées de fleurs fraîches. Sur le mur du fond, des noms sont gravés par ordre alphabétique et chronologique. Les voilà sortis de l'oubli dans lequel ils avaient été plongés. Parmi ces fous, un carré militaire de quatre-vingt-dix-huit sépultures d'anciens combattants de la

Première Guerre mondiale. Des mutilés du cerveau, comme on les appelait, qui n'avaient pas supporté la grande boucherie dans les tranchées. Ils ont fini leurs jours dans l'asile d'aliénés de Cadillac.

La chaleur est étouffante. J'emprunte la route de Sauveterre, en direction du centre. À quelques mètres, une voiture rutilante roule au pas. Je m'écarte. Elle finit par se garer. Un jeune homme sort d'une des maisons faisant face au mur de l'hôpital et se dirige vers la berline. Le conducteur tend son bras. Le jeune homme attrape un sachet. Stupéfaite, je m'arrête net. Une scène de deal en pleine journée? L'homme au volant tourne la tête vers moi, puis redémarre doucement.

Au fil de mes rencontres, je ferai la connaissance de ce mystérieux chauffeur. Il se nomme Serge. Ce n'est pas un dealer mais un infirmier de ville. Il soigne les patients vivant au quotidien à l'extérieur de l'hôpital, ça s'appelle la psychothérapie institutionnelle. À ce stade, les codes m'échappent totalement. J'ai fait le tour de l'aplat orange du plan de l'office du tourisme. Deux kilomètres à vol d'oiseau. Une ville dans la ville et des murs, toujours des murs.

Je retrouve la bastide. Entre le château du duc d'Épernon et l'église, un grand parking. Sur cette esplanade, quatre devantures aussi antinomiques les unes que les autres: le Lux – un cinéma Art et essai –, un presbytère, des pompes funèbres et une agence immobilière. Je descends la rue du château et j'atterris à nouveau rue Cazeaux-Cazalet. Je fais le tour de la place de la mairie, le premier d'une longue série. À la table d'un café, je repère la femme d'une trentaine d'années déjà aperçue en sortant de l'hôpital, avec son bouledogue et sa béquille. Elle déguste une dame-blanche. J'observe ses gestes au ralenti. Nos regards se croisent.

Devant la poste, un homme métis, armoire à glace, la cinquantaine, est accoudé avec une canette de bière à une boîte aux lettres marron toute cabossée dont le logo jaune de la Poste est à demi arraché. Il m'interpelle en me disant que je suis belle. Un peu gênée, je le remercie pour son compliment. Les yeux gonflés par de lourdes poches, il esquisse un sourire d'une tristesse infinie. Peu de gens le saluent. Est-ce un SDF ou un malade? Les deux peut-être. En vérité, je ne sais pas qui est qui. Je dois bien être la seule à vouloir distinguer à tout prix les malades de ceux qui ne le sont pas. Ce réflexe ne me quittera plus. La maladie mentale est-elle discernable à l'œil nu ? Chacun navigue à vue avec ses démons. La folie n'est pas un état fixe et immuable. Elle doit certainement se promener dans le corps comme bon lui semble, allégée quelquefois par des substances chimiques. Incomprise aussi par celui qui l'héberge, elle se faufile, brigandelle, jusqu'à ce que le malade parvienne à anticiper ce moment où elle se rapproche sournoisement, la perçant à jour pour enfin la dompter. Je guette les signes, en alerte.

Je rentre chez moi. L'odeur d'humidité est rémanente. Ma première nuit est agitée. Je trouve péniblement le sommeil peu après 3 heures du matin, car je me souviens avoir entendu le son des cloches de l'église Saint-Blaise et Saint-Martin. Je rêve intensément pendant les quelques heures qui me restent. Mon père m'accompagne à mon rendez-vous fixé avec la mort. Mon heure est venue. Je découvre son visage désolé, impuissant. Ses yeux tristes, si tristes. La ride du lion, entre ses sourcils, dessine un profond sillon. Il tient mon manteau sur son avant-bras. Il sait que je ne veux pas y aller. Mais c'est ainsi et nous n'y pouvons rien. Je me retrouve face à une série de portes numérotées, comme des cabines de plage en bois. Il va falloir en franchir une et partir pour toujours. Dire au revoir à mon père et au monde. Mon réveil sonne. Mon cœur bat fort et j'ai la mâchoire endolorie à force de l'avoir serrée. J'ouvre un œil. Le réalisme de ce cauchemar me poursuit toute la journée. Je rêve rarement de mon père. Lors de ce séjour à Cadillac, il m'apparaîtra presque chaque nuit.

Située au beau milieu du parc de l'hôpital, à côté du banc sur lequel je prends l'habitude de m'asseoir, une petite maison se tient droite et discrète, encerclée de marronniers centenaires. J'entre. Une odeur de café embaume la pièce principale. Au travers des baies vitrées, les rayons du soleil éclairent un morceau de mur et ses dizaines d'aphorismes, une grande horloge, des peintures à l'eau, des photos de patients tantôt sur une calèche tirée par des chevaux, tantôt en plein cours de Zumba.

La maison des usagers, dite maison du parc, a ouvert ses portes en 2018, à l'initiative de l'association éponyme dont les statuts ont été rédigés par les représentants des usagers, l'Union nationale de familles et amis des personnes malades (Unafam) et par des patients eux-mêmes. Cet espace offre un accueil convivial aux malades, à leurs familles et, en théorie, à l'ensemble du personnel de l'établissement. Un animateur, ancien aide-soignant psychiatrique, s'occupe de la faire vivre. Ce matin-là, chacun vaque à ses occupations. Un jeune patient, casque sur la tête, se balance de gauche à droite et chantonne du Daniel Balavoine, tout en regardant le clip sur YouTube. Dans le coin gauche, un petit salon avec des fauteuils et une table basse. Deux jeunes gens, lui, grand, mince, noir, elle, ronde, blonde, les yeux clairs en amande, sont assis côte à côte. Justine et Arnaud se tiennent par la main et se chuchotent des mots doux. Elle étouffe un rire euphorique en portant ses mains à sa bouche. Il la regarde d'un air éperdument amoureux. À leur droite, assise à une vaste table, une jeune femme est penchée sur le clavier d'un deuxième ordinateur, absorbée par ses recherches. Face à moi, une kitchenette. Je vois un homme robuste de dos, un bonnet sur la tête, affairé à se servir du café, ajouter un peu de sucre et touiller. Comme pour se réchauffer, ses mains rouges et gonflées entourent le gobelet.

Au fond à gauche, une porte à demi fermée sépare cette pièce d'un minuscule bureau. À contre-jour se dessine le profil d'une jeune femme. Elle sanglote, la tête baissée. Face à elle, Éric Garcia, l'animateur, essaie de la rassurer. En sortant, elle essuie son visage de poupée triste. Sans me connaître, Dorothée m'explique aussitôt qu'elle pleure à cause de son psychiatre. À la fin de l'entretien, ce dernier lui a demandé si elle avait eu des relations sexuelles. Choquée par cette intrusion, Dorothée a résisté en disant que c'était trop intime et que cela ne le regardait pas. Puis elle s'est précipitée à la Maison des usagers, son refuge. Elle était pourtant si heureuse, après six ans d'internement, d'avoir réussi un premier essai d'une semaine dans un foyer pour jeunes à Bordeaux.

Éric l'encourage. Elle sait le chemin parcouru à l'hôpital. Son projet de sortie est imminent. Elle est prête et c'est l'essentiel. Elle acquiesce. Il la taquine sur sa nouvelle coupe au carré, totalement ratée. Elle esquisse un sourire timide. Je remarque d'immenses tatouages sur ses bras, un cheval au galop. Éric lui offre un café. Guillaume, le grand dadais qui fait des courses pour tout le monde, met un pied dans la maison, une cigarette derrière l'oreille. Il capte aussitôt la tristesse de Dorothée et tente de la consoler. Elle le repousse gentiment.

« Non, je n'ai pas envie, là », dit-elle. Il ne s'en offusque pas et va rejoindre le couple d'amoureux. Assise sur les genoux d'Arnaud, Justine, pensive, interpelle Éric, en lui demandant pourquoi sur ses trois sœurs, élevées de la même manière, elle est la seule à être devenue bipolaire. Sans attendre de réponse, elle réclame à Éric des livres de Delphine de Vigan qu'elle pourrait emprunter. Parce que l'un d'eux, *Rien ne s'oppose à la nuit*, lui a sauvé la vie, affirme-t-elle. Oui carrément. Elle en fait un résumé : après le suicide de sa mère, la romancière entreprend une enquête sur la bipolarité dont elle souffrait. Celle-là même qui empêche Justine de vivre et qui l'a conduite droit à Cadillac. En lisant ce livre, elle a réalisé qu'elle n'était pas coupable d'être malade. Elle s'est, par ce récit, réconciliée avec une partie d'elle-même, et avec la lecture.

Ici, tout le monde tutoie Éric. Il est celui qui console, qui plaisante, qui recadre et qui tempère. Voilà plus de trente-cinq ans qu'il travaille à l'hôpital de Cadillac, à l'accueil d'abord, puis comme aide-soignant, des années dans des unités classiques avant de rejoindre l'UMD, l'unité pour malades difficiles, réputée la plus dangereuse. Cet enfant du pays, avec son accent gascon, passe son temps à accueillir, à écouter, à organiser des activités et à démêler les conflits entre patients mais aussi entre patients et soignants. Je deviens, comme lui, dépositaire d'épisodes vexatoires. Dans cette petite cabane, un patient schizophrène me raconte comment une infirmière a hurlé contre lui et d'autres patients qu'elle n'était pas à leur disposition. Ce patient, bien qu'embrumé par les médicaments, avait osé répondre que si cette infirmière n'était pas là pour eux, pour qui était-elle là alors ? On dit que certains infirmiers ayant longtemps travaillé à Cadillac ont fini eux-mêmes par décompenser. Les soignants ne sont pas à l'abri, pas plus que quiconque. Il y a peu, une secrétaire des services comptabilité de l'hôpital a été internée pour une grave dépression. Parfois, la boucle se referme là où l'on s'y attend le moins.

À la Maison des usagers, tout se formule dans l'urgence. À fleur de peau, avec une intensité rare. Les mots que l'on prononce n'ont pas été filtrés par les convenances. Chacun essaie, tant bien que mal, de vivre sa maladie, au milieu des autres. Mille profils cohabitent. Pour certains, l'hôpital est une première : ils sont au tout début de leur maladie, viennent tout juste de faire sa connaissance et n'ont pas accepté leur situation. Pour d'autres, les hospitalisations font partie intégrante de leur vie. Ils arrivent en crise, on les calme et ils parviennent à repartir dans un état stable. Jusqu'à la fois suivante. D'autres encore vivent à l'hôpital depuis des années, sans perspective de sortie prochaine. À la Maison des usagers, chacun trouve sa place, à un rythme différent. L'équation fonctionne et je m'en étonne. On compte plus de cinquante passages par jour. On y circule librement. Et on y libère sa voix.

Une nouvelle patiente extrêmement maigre tape à la porte. Éric crie que c'est ouvert. La peau sur les os, elle avance en furetant à droite et à gauche, délicate comme une chatte. Éric ne l'a jamais vue. Il lui offre un thé. Elle accepte, elle adore ça. C'est tout simple. Sidonie n'a que 17 ans. Sa peau est blanche. Elle a été internée après des bouffées délirantes dues à la schizophrénie. Elle souhaite savoir à quoi sert cette sorte d'abri. Éric lui explique que c'est un espace pour les patients et les familles. A-t-elle reçu le livret d'accueil ? C'est obligatoire. On y trouve des informations sur le fonctionnement de l'hôpital. « Si quelque chose ne va pas, vous pouvez écrire à la direction des usagers », l'adresse est indiquée, glisse Éric. Sidonie n'a jamais vu ce livret. Éric soupire et lui tend un exemplaire. Elle le feuillette et saisit la perche. Dans son unité, ça ne va pas du tout, les infirmières sont dures avec elle, à cause de son anorexie. Elles refusent de lui donner plus de pain ou de pâtes lorsqu'elle en a envie. Éric l'écoute d'un air distrait, mais attentif en fait. Elle glisse le sachet de thé dans l'eau bouillante. Le psychiatre l'a vue ce matin mettre du beurre sur sa tartine et lui a lancé qu'elle était indigne d'une anorexique. Une attitude incompréhensible, si peu empathique, se désole la jeune femme.

Peu à peu, je comprends à quel point la transparence et l'honnêteté des patients peuvent semer le trouble chez ceux qui sont censés les soigner. Ici, dans cette maison, le patient n'est plus un corps à qui l'on administre des cachets. Il n'est pas un être pétri d'injonctions. Il n'est pas un problème ni un poids. Il est reçu dans sa singularité.

Au début, à l'hôpital, j'évite de me perdre. Mon banc est mon repère. Observer, se laisser aborder, voir sourdre la relation. Lorsque les patients repartent chacun dans leur unité, je me retrouve seule dans le parc. Je ne sais rien de leur quotidien, leur chambre, leur intimité, les liens avec les soignants. À l'automne, lors de mon deuxième séjour, l'unité Marguerite, bâtiment rénové situé au centre de l'hôpital, m'ouvre ses portes. Baptisée ainsi en hommage à Marguerite de Foix-Candale, l'épouse du duc d'Éperon. Le seul pavillon qui porte un prénom féminin. Je m'engouffre chaque jour un peu plus loin dans ce dédale.

Tôt le matin, dans le grand silence du parc, un bouillonnement s'empare de chaque unité entre

6 heures et 9 heures. Toujours la même routine. Enchaîner la toilette des patients, changer ou faire les lits et effectuer la prise de médicaments. Ici, à Marguerite, vivent une vingtaine de psychotiques, autistes, traumatisés crâniens. C'est le lot de cette unité de réhabilitation psychosociale qui accueille des patients ayant réussi à stabiliser leur maladie mentale et pour qui une vie en dehors des murs de l'hôpital est envisageable. Même si certains ne quitteront jamais cette unité et y mourront, certainement. Ils ne le savent pas. Dans le couloir, des patients errants font une halte devant le box vitré, où les soignants s'affairent autour d'un ordinateur. Ils tambourinent à la porte. Ils alpaguent du regard. Insistent. Les vitres sont faites pour ça. Pour que les malades puissent repérer les infirmières, pour les tranquilliser. Côté box, les soignants sont à cran. Souvent fatigués, débordés, sollicités en permanence, qui pour sa cigarette, qui pour sa pause, son rendez-vous avec le psychiatre, son téléphone, son chargeur, son laissez-passer, sa sortie, sa console, son tranquillisant.

Un patient se ventouse littéralement à la fenêtre. Son visage, sa main, son corps. Puis il glisse et s'effondre lentement au sol. Il est maintenant par terre, allongé, tête vers le plafond, les pieds nus et sales, un sac en bandoulière. Avec son index, il semble compter les nuages. On le laisse. Il est en sécurité. Les infirmières se transmettent les événements de la nuit. Ce matin, il manquait un soignant. Une aide-soignante est rouge de colère. En psychiatrie, on ne peut pas passer en dessous d'un certain effectif pour des raisons de sécurité. Sur mon cahier, je note pêle-mêle : coffre, régisseur, curatrice, tabac, sorties, vacances, argent. La majorité des patients touchent l'allocation adulte handicapé. De ces 980 euros mensuels, l'hôpital déduit le forfait hospitalier, la mutuelle, les frais quotidiens. Selon les situations, et leur degré d'autonomie, ils peuvent récupérer entre 10 et 100 euros par semaine. La plupart sont, par mesure de protection juridique, sous curatelle s'ils parviennent à gérer leurs affaires courantes, ou sous tutelle lorsqu'ils sont jugés incapables d'exprimer avec lucidité leur volonté.

« Tiens, voilà Robert », dit une infirmière. Un homme maigre, la soixantaine, chemise blanche, bretelles et pantalon noir. Il se poste devant les soignants et mime le geste d'une cigarette à la bouche. L'infirmière lui répond en haussant la voix que ce n'est pas encore l'heure. Il n'insiste pas et tourne les talons en exécutant une succession de petits bras d'honneur. L'infirmière sourit. Elle me glisse que Robert était un ancien rockeur de la scène bordelaise. Happé par les drogues dans les années 1980. Démence précoce. Je l'imagine sur une scène alternative avec son groupe, les cheveux dans les yeux, le buste penché sur sa basse, complètement absorbé par un rock contestataire. Me passe aussitôt par la tête l'idée de retrouver ses vieux amis musiciens et quelques-uns de ses albums.

Geneviève fait son apparition. La première à s'être assise près de moi, dans le parc. La première à qui j'ai parlé. Son humeur est sombre. Elle vit à l'hôpital depuis des décennies. Comme Robert, elle devrait intégrer une maison de retraite. Mais leur état mental ne le permet pas. Geneviève hurle dans les couloirs. Geneviève se balade nue. Aujourd'hui, ce n'est pas celle, détendue et espiègle, qui pique des livres à la Maison des usagers et qui me demande : « Un stylo Bic bleu, s'il te plaît ma puce. » Geneviève est lugubre, fâchée avec le monde. Elle marche toute raide vers sa chambre et commence à jeter brutalement ses affaires dans le couloir : les oreillers, le sac-poubelle, la corbeille, la couverture. Tout en vrac. Puis elle claque la porte et s'enferme à clé. Voilà. Un jeune apprenti aide-soignant s'approche en soufflant. « C'est la quatrième fois Geneviève, sermonne-t-il. Maintenant, ça suffit. » Il lui ordonne de déverrouiller la porte et d'arrêter son cirque. Pas de réponse. Avec son trousseau, il ouvre d'un coup. Geneviève est renfrognée, assise sur le rebord de son lit. Je découvre une chambre propre, colorée, dont le mobilier est fixé au sol. Une télévision au mur comme dans les hôpitaux ou les hôtels. Avec un regard terrible, elle se redresse et hisse une main en menaçant de frapper le jeune homme. Ce dernier lève l'index et prend une grosse voix, en lui disant qu'elle devrait cesser. Elle pousse un cri. Depuis toute petite, Geneviève héberge une psychose.

L'heure de la prise de médicaments a sonné. Dans une pièce aux volets tirés, un ordinateur et un grand chariot gris d'une vingtaine de tiroirs, épais de trois centimètres. Chaque patient a un traitement spécifique. Le moment du dosage, lorsqu'il y a des mélanges, est crucial. Les infirmières les préparent à deux pour éviter des erreurs. Les patients font la queue dans le couloir. Certains se chamaillent pour la première place. Je ne comprends pas cet empressement. L'infirmière m'indique que le repas du midi se fait en deux services. C'est la lutte pour déjeuner tôt. Un premier patient entre. Jean est petit, fluet et triste, une besace en bandoulière. Il dit qu'il se sent mal, en se laissant fondre le long du mur. Il pleure, au sol. L'infirmière le rassure. Il dit à nouveau qu'il est angoissé et qu'il veut aller dans sa chambre. Jean avale les médicaments avec un gobelet d'eau. Il se relève péniblement. L'infirmière lui demande de ne plus taper contre les murs, comme hier soir. Il dit oui avec la tête, mais précise qu'il a le vertige. Il sourit et ajoute qu'il a le vertige de l'amour. L'infirmière rit. Et d'une voix faible, en tournant les talons, Jean la remercie de l'avoir écouté, ça lui a fait du bien.

Dans le couloir, une bagarre éclate entre deux patients. Jamie, un petit roux électrisé, vocifère. Il veut passer avant les autres. L'infirmière lui explique calmement que les prioritaires le sont pour de bonnes raisons. Il crie qu'il en marre et qu'il ne reviendra plus en faisant de larges pas vers la sortie. L'infirmière lève les yeux au ciel. Habituée, elle attendra qu'il se calme dans le parc. On dit qu'il est un enfant du placard. Ces enfants séquestrés et martyrisés par leurs parents pendant des années avant qu'ils ne soient découverts.

La prise de médicaments cristallise les tensions et les frustrations. Simon, un jeune homme brun et rondelet, entre. Impossible de lui donner un âge. Il dit que le soleil rentre dans sa tête, que ça le dérange. Qu'il a mal. Qu'il n'en veut plus. La jeune infirmière, arrivée en psychiatrie il y a quelques mois à peine, lui tend des cachets. Elle parle doucement et lui propose la chambre bleue après le repas. Une chambre d'apaisement, insonorisée, où les autres patients ne peuvent entrer. Il acquiesce et sort. En même temps, une patiente très maigre fait son apparition. Les cheveux un peu mouillés, la mine triste, les traits creusés. Elle paraît jeune. Elle se sent agressée par les autres. L'infirmière lui conseille de manger le mieux possible après la prise de médicaments. Elle ira ensuite dans la deuxième chambre bleue, une heure ou deux, pour chasser les angoisses.

Je cherche Marc, cet homme qui ne peut plus parler et qui circule en fauteuil roulant. Je l'ai croisé pendant l'été caniculaire avec son marcel et son cure-dent. Il vit à Marguerite. Je demande à une infirmière si je peux aller à sa rencontre. Elle refuse, m'indique la salle des familles pour l'y attendre. J'obéis. Dans le couloir, plusieurs patients m'approchent comme si j'étais une curiosité. Ils me tendent des mains, des sourires, des coups d'œil. Hugo s'avance tout près de moi. Je le connais. Il me parle mais je ne le comprends pas. Il est sourd. Je le croise souvent, en survêtement, dans l'enceinte de l'hôpital. Son truc à lui, c'est le basket. Un jour que j'étais pressée pour un rendez-vous, je me suis retrouvée à courir d'un bout à l'autre de l'hôpital. Hugo m'a vue et s'est mis à trottiner à côté de moi. Ça m'avait fait un drôle d'effet, j'avais ri de ce footing improvisé. Des soignants, de loin, nous regardaient interloqués.

Je peine à imaginer Marc du temps où il tenait le bar PMU de Cadillac, à servir des demis à la chaîne aux ouvriers de chantier qui débauchent. Dans les années 1990, au café des Sports, ça gueule, ça fume, ça décompresse. Marc enchaîne clope sur clope. Derrière le comptoir, il écoute les déboires, relativise, réconforte, diffuse sa bonne humeur. Il a le cœur sur la main. Un cafetier n'est-il pas une sorte de psychanalyste debout ?

J'observe cette canule en plastique située au bas de sa gorge qui permet la respiration. Aucun son ne sort de sa bouche. Être privé de parole pour toujours, il y a de quoi se foutre en l'air. Marc arrive lentement en poussant les roues de son fauteuil. Il lève une main pour me saluer, mais son visage demeure inexpressif. On s'isole dans la salle des familles de l'unité Marguerite, une petite pièce orange à la fenêtre opaque. Il sort son carnet à spirale et son stylo Bic. Je lui demande pourquoi il a été interné d'office. Il écrit qu'il a perdu sa compagne en 2021. Il ne sait plus le jour exact. Elle avait deux cancers, foie et pancréas. Sa première épouse déjà était décédée d'un cancer de la langue et de l'œsophage. Et maintenant, c'est à son tour, trois cancers : du larynx, des amygdales et du palais. Il n'en pouvait plus alors il a avalé quelques boîtes de médicaments. Il s'est réveillé branché aux tuyaux, dans une salle de réanimation de l'hôpital de Langon. Pour prévenir un deuxième suicide, les médecins ont décidé de l'interner à l'unité Charcot de l'hôpital psychiatrique de Cadillac. Chambre 115.

Rien n'a changé dans ce couloir-là, à Charcot, depuis trente ans, m'assure Marc. Il remplit son petit carnet de lettres bleues majuscules. Tout y est vétuste et mal isolé. Les locaux ne sont pas étanches. Ça goutte. Les égouts font remonter des odeurs nauséabondes. On croise parfois des cafards. Pendant les quatre premiers mois, Marc s'acclimate malgré tout. Jusqu'à ce que quatre des infirmières du service s'aperçoivent qu'il comprend tout ce qui se passe. Marc prend des psychotropes moins assommants que d'autres. Il a le temps d'observer les soignantes pendant des heures. Elles fument, téléphonent, boivent des cafés. « C'est tout ce qu'elles font. Du lard ! C'est une honte ! » s'emporte-t-il. Une fois, il dit qu'il a attendu trois heures avec son compagnon de chambre devant la porte que les infirmières daignent leur donner leurs rasoirs.

Des abus de pouvoir, récurrents, si minuscules. Des maladresses, des mots blessants, de l'intrusion, c'est courant, à longueur de journée, en huis clos. Les carnets de Marc déplaisent et inquiètent. Quatre infirmières se moquent et le baptisent « César ». Un jour, il a dit à l'une d'elles qu'on avait réhabilité le cimetière des Oubliés mais qu'ici, c'était le cimetière des vivants. Les infirmières fouillent dans les poubelles pour chercher ses cahiers à spirale. Ils se retrouvent sur le bureau du psychiatre. Écrire ce qu'il voit, laisser des traces, peut-être même porter la parole d'autres patients, c'en est trop pour les équipes. Du jour au lendemain, Marc est transféré à l'unité Marguerite, partageant sa chambre avec un jeune schizophrène très agité. Depuis, il attend sa sortie. Car, clame-t-il, s'il se considère comme un cas social, il est loin d'être un cas psychiatrique.

Marc attrape la vingtaine de feuilles noircies de notre conversation, les détache des spirales en fer d'un coup sec et me les tend. En retour, je lui offre *L'Homme qui penche*, un recueil du poète Thierry Metz, écrit lors de deux séjours à l'hôpital psychiatrique de Cadillac pour alcoolisme et dépression. Il me fait un signe de tête pour me remercier. « Combien sont-ils ici qui ne sont nulle part ? » interroge Thierry Metz. Je sais que Marc le lira, au moins pour tuer le temps. Nous nous quittons. Je demande à une soignante de m'ouvrir la porte fermée à clé. Elle paraît surprise que je m'en aille déjà. Pour la première fois de la journée, elle m'adresse la parole. Un autre soignant s'approche sur le pas de la porte. Je les remercie de leur accueil.

Au moment de partir, les deux se confient. Eux aussi souffrent. Ils ont la sensation de faire de la garderie, la tête dans le guidon. Ils n'avaient pas signé pour ça. Ils souhaiteraient du meilleur pour les malades, plus d'infirmiers, plus de psychologues, d'éducateurs, d'assistantes sociales, des activités artistiques, plus de sorties. Personne ne veut travailler dans ces conditions.

Ils se sont confiés puis m'ont libérée. Dans le parc, il n'y a plus un chat à cette heure-ci. Tous les patients sont rentrés dans les unités. Je m'assois sur un banc. Remplie d'autres vies que la mienne. Je jette un œil aux marronniers, puis plus haut dans le ciel. Je pense à mon père. J'ai peur d'oublier sa voix. À 18 h 05, j'aurais déjà pris mon téléphone. Je t'aurais appelé. À peine une sonnerie et tu décrochais puisque le fixe était posé à côté du bureau d'architecte sur lequel tu écrivais du matin au soir, dans la mansarde de la petite maison amiénoise.

– Allô ?

– Papa, c'est moi. Ça va ?

– Oui et toi ?

– Je suis à l'hôpital, je viens de terminer avec un patient. Je suis sûr qu'il te plairait. Il s'appelle Marc. Par contre, il ne peut plus parler. On se débrouille avec son carnet. Je parle et il écrit.

– C'est bien que tu puisses rencontrer les malades. C'est pas ce qu'il y a de plus simple dans un hôpital psychiatrique.

– Si, en fait c'est assez libre, au moins dans le parc, je peux leur parler mais rentrer dans les unités avec les soignants, ce n'est pas facile.

– Tu es un fouilleur de bas-fonds, comme disait Nietzsche !

– Ah ben merci ! Je dois le prendre comment ?

– Comme Foucault, tu t'intéresses à la folie, pas celle dans son grand affrontement avec la raison, mais la folie quotidienne dans la manière dont elle est disqualifiée.

– Je ne sais pas si je fais comme lui, mais je me sens à l'aise avec les patients. Dans quelques jours, j'ai rendez-vous avec un psychiatre.

– Ah… Ça va être différent… Tu me raconteras, travaille bien. Je te laisse, Ixchel. Il est l'heure pour moi d'aller marcher un peu. Après, il fera trop nuit. Je t'embrasse.

– Au revoir, Papa.

Parmi les milliers de patients internés un jour à Cadillac, il y a un poète. C'est avec Thierry Metz et par l'entremise de sa langue épurée que je suis entrée à l'hôpital quelques semaines avant que je ne franchisse physiquement la guérite aux vitres teintées. *L'Homme qui penche*, c'est lui, ce poète en pyjama réglementaire, hospitalisé de son plein gré en octobre 1996. Se faire enfermer pour ne pas se noyer dans l'alcool. Je découvre sa description des couloirs du pavillon Charcot, où il était hospitalisé. Je vis une saison, la sienne, aux couleurs rouges de l'automne, celle des feuilles mortes. *L'Homme qui penche* a été écrit au fil de ses deux séjours. Malgré son impuissance à vivre, ses poèmes ressemblent à des fruits cueillis mûrs, au goût doux et sucré.

Ils sont nombreux à être internés pour leur addiction à l'alcool. Derrière chacun de ces alcooliques se cache une fêlure profonde. Le jour où Thierry Metz a été foudroyé, le jour où il a cessé de vivre, c'est celui où son fils Vincent a été tué par un automobiliste sous ses yeux. Il n'avait que 8 ans. La voilà, la cause. Thierry écoute plus qu'il ne parle. Il écrit chaque heure au milieu de patients qui baragouinent, qui errent, qui tapent, qui bavent, qui se taisent et traficotent. « Centre hospitalier de Cadillac en Gironde, pavillon Charcot. Octobre 1996. C'est l'alcool. Je suis là pour me sevrer, redevenir un homme d'eau et de thé. J'envisage les jours qui viennent avec tranquillité, de loin, mais attentif. Je dois tuer quelqu'un en moi, même si je ne sais pas trop comment m'y prendre. Toute la question ici est de ne pas perdre le fil. De le lier à ce que l'on est, à ce que je suis, écrivant. »

Lorsqu'il est admis à l'hôpital psychiatrique de Cadillac, Thierry Metz a dépassé l'anonymat. Dès la fin des années 1980, il est publié et reconnu par ses pairs. Le jour de la mort de son fils, le 20 mai 1988, il reçoit le prix Ilarie-Voronca pour son manuscrit

Sur la table inventée. En 1989, il est lauréat du prix Froissart pour *La Demeure phréatique*. En 1990, il publie *Le Journal d'un manœuvre* chez Gallimard. À part ça, pour vivre, il est ouvrier agricole, ouvrier d'abattoir, maçon, manœuvre, autant de petits boulots entrecoupés par des périodes de chômage. Il vend sa force physique, le poète féru d'haltérophilie.

Certains surmontent la mort de leur enfant. D'autres pas. Et moi ? Non, je ne crois pas. J'irais me faire enfermer à défaut d'avoir le courage de me tuer. À 32 ans, Metz ne s'en relèvera jamais. Il devient aussi invivable que sa vie. Sa femme finit par le quitter et part avec les deux autres enfants. C'est une chute au ralenti. Il penche inexorablement, s'alcoolise et sombre. Je lis et j'attrape ses mots au vol que je garde bien au chaud, comme s'ils distillaient de tout petits secrets sur l'âme humaine. En quête de réparation. « Curieusement, l'hôpital psychiatrique est une demeure comme une autre, mais qui passe d'une main à l'autre, différemment pour chacun, modifiée par ce qu'on y dit, ce qu'on y fait. »

Funambule, je m'attache à son livre comme un bateau à sa rive, pour ne pas perdre mon fil. Les vies d'ici ont pris des coups. Des gueules cassées, fracassées, éreintées. Elles ont été trop loin. L'hôpital fait fonction de filet, in extremis. Il réceptionne tout ce qui n'est pas supportable dehors. Ici, à l'intérieur, un concentré de l'inacceptable. Mêler une folie à une autre, mêler des dizaines de folies singulières échouées dans ces pavillons. Est-ce bien raisonnable ? Thierry Metz, un parmi tant d'autres. Il ne sait pas qu'il me guide. Il aurait eu 66 ans. Le poète aurait mis le maçon à la retraite et aurait noirci des carnets, la clope à la main. Avec *L'Homme qui penche*, ce texte dépouillé de l'inutile, apparaissent Raymonde, Sophie, Jean-Luc, Jo, Rainer, Aurélie, Mady, Denis. Les autres, psychiatres et infirmières, n'ont pas de visage. Ils font de brèves apparitions, à part la jeune infirmière. « Des gens. Quelqu'un. Soi. C'étaient ces mots qui revenaient dans les questions de Céline, la jeune infirmière, des questions sans cesse interrompues par la sonnerie du téléphone. Alors j'ai préféré ne rien dire. Demeurer introuvable. » Qui sont les fantômes ?

Des lignes de châtaigniers centenaires scrutent les saisons du haut de leurs branches. Témoins impassibles et omniscients. Qu'ont-ils vu ? Que savent-ils de ces générations de malades qui se réfugient à leurs pieds ? Si ces arbres pouvaient parler, ils révéleraient des milliers de chuchotements, de respirations, de silences, des pas lents ou pressés, des heures à tuer, des sanglots, des hurlements, des évasions, de multiples trafics, des bagarres, des errances, des baisers, des fous rires en cascade.

Marine, Jacky, Martin, Gaël, Jeanne, Alexia, Jean-Paul… Je côtoie à mon tour les successeurs de Thierry Metz. C'est toujours le même rituel. Lorsqu'un patient est admis à l'hôpital, on le garde en observation. On scrute ses gestes, ses mots, son comportement. Le parc, c'est une récompense. Il se mérite. Quelques heures par jour, puis deux fois par jour si tout se passe bien. Enfin des permissions en ville, à Cadillac. Et au moindre faux pas, à la moindre crise suicidaire, on file en chambre d'isolement, avec ou sans contention, en fonction de l'état d'agitation. Et tout recommence à zéro. Thierry Metz s'était plié à la règle. Avant d'avoir droit aux arbres et aux balades, il se penchait sur sa feuille blanche, à la table d'une chambre partagée. Dans la Maison des usagers, construite des décennies après son passage, il aurait dit bonjour et se serait servi un café. Il ne se serait peut-être pas attardé à l'intérieur. Fumeur solitaire. Clairvoyant au-delà du dicible, il aurait choisi un banc au soleil. Il aurait observé les déambulations « d'un homme qui se déplace si lentement, avec tant de précautions qu'il ne s'aperçoit pas qu'un arbre le suit ».

À Charcot, le poète a bien essayé de survivre, de continuer à se lever chaque matin, avec d'autres que lui. Et à Charcot, les soignants ont fait ce qu'ils ont pu. Il s'est plié au jeu. Les entretiens, le fameux « parlez-moi de vous ». Il a avalé les neuroleptiques, cessé de picoler. Il a écrit, écrit, écrit. Il en a même fait une œuvre. Camper un hôpital en trois lignes. Son essence même.

Metz écrit dans les interstices. Il détecte le beau dans le triste. La poésie dans le non-sens. Trace les contours de ce qui ne se dira jamais. Fixe l'instant, les mots des fous, l'inconscient, l'impromptu. Il recueille. Je recueille. Je ne m'en lasse pas. La deuxième et ultime hospitalisation de Thierry Metz a lieu en janvier 1997. Avant de disparaître à tout jamais. Il se suicide le 16 avril 1997 dans son appartement de Bordeaux. Cadillac n'a pas sauvé Thierry Metz.

Depuis des jours, je traîne mes guêtres à l'hôpital. Je n'entends parler que de Charcot et Tosquelles, les deux unités desquelles les patients se plaignent le plus. Ce matin, une jeune femme, Valérie, vient me trouver sur mon banc. Elle n'en peut plus de Tosquelles. Elle dit : « Ils sont méchants, ils nous parlent mal. » Elle a peur, surtout le soir, elle a peur, hurle-t-elle en boucle. Hugo, le jeune homme sourd, accourt depuis l'unité Marguerite. Il l'aime et voudrait la rassurer. Il s'agenouille devant elle et lui déclare sa flamme.

Quelques semaines plus tôt, alors que j'ai demandé l'accès à l'unité Tosquelles, la responsable a refusé ma venue « par crainte de voir une situation instable s'aggraver au sein de l'unité », reconnaissant de fait les dysfonctionnements. Charcot paraît moins verrouillé. L'autorisation d'y entrer a tardé à arriver, mais on m'a finalement accordé une journée auprès des équipes. Peut-être ma référence à Thierry Metz et ma curiosité de découvrir sa chambre 111 ont-elles joué en ma faveur. L'unité est juste là, derrière moi, cachée par les arbres. Vu du ciel, le pavillon Charcot forme une croix qui se prolonge jusqu'au pavillon Tosquelles. Entre les deux, au premier étage, le bureau du psychiatre, le chef du pôle C, territoire qui englobe Cadillac et la communauté de communes du Sud Gironde, de part et d'autre des rives de la Garonne.

Je sonne à la porte de Charcot. Une infirmière en blouse vient ouvrir la porte bouclée en permanence. Le bruit du trousseau doit avoir autant un goût de délivrance que d'enfermement. Ça filtre et ça contrôle. Il le faut. C'est ainsi. J'entre par un large couloir qui conduit à un carrefour baigné de lumière. Celui-ci dessert trois autres couloirs où se répartissent les dix-huit chambres, plus deux chambres d'isolement et de contention, utilisées officiellement en cas de danger grave.

Je croise ici Fabien, Katy, Alexia, Roger dont j'ai déjà fait la connaissance dans le parc. Je leur fais des clins d'œil discrets. Mais je reste à ma place, du côté des soignants, dont l'accueil est froid. À l'évidence, ma présence gêne. Une infirmière, ou peut-être un cadre de santé – je m'y perds dans la lourde hiérarchie hospitalière –, m'explique le déroulé de la journée. Les autres font comme si je n'étais pas là. Les psychiatres présents, dont je connaîtrai la fonction que bien plus tard, ne m'adressent pas un mot. Les soignants vaquent à leurs occupations et je me retrouve posée là comme une plante verte à attendre, séparée des patients par des portes vitrées. Je suis mal à l'aise. Je décide de les rejoindre.

Une jeune fille, Katy, m'approche. Elle porte un tee-shirt béant, beaucoup trop grand pour elle, et un pantalon de pyjama de l'hôpital. Elle m'attire vers un banc, disposé en face du réfectoire. Elle attrape ma main et me demande si on peut parler. Son poignet est scarifié. Elle se recroqueville et replie ses jambes. Elle me dit qu'elle aurait envie de sortir mais qu'elle n'a pas le droit.

Elle me montre ses bras remplis de bleus. Hier, elle s'est mordue jusqu'au sang. Le vernis de ses ongles est aux couleurs LGBT. Elle me raconte qu'elle a un compte sur Snapchat où elle propose ses services sexuels. Elle aime les hommes et les femmes, et se définit comme transsexuelle. « Mon projet de vie, assure-t-elle, c'est la prostitution. » Une brindille fragile et tordue d'à peine 20 ans. Comme si on l'avait piétinée depuis l'enfance et qu'elle s'obstinait à creuser le sillon de son malheur. Un infirmier nous repère et interrompt notre conversation. En aparté, il me conseille de ne pas parler à Katy car, aujourd'hui, elle a accusé un patient de viol. Le service est sous tension. Les gendarmes devraient bientôt arriver. L'homme en question a été enfermé en chambre d'isolement.

L'infirmier cherche à me ramener dans le bureau. Soudain, Fabien que je connais un peu me tire d'affaire. Souriant et solaire, il me propose avec un naturel déconcertant de me montrer sa chambre qui donne sur une petite cour intérieure clôturée par un haut grillage. Par sa fenêtre, je vois deux vieilles tables de pique-nique en bois et un arbre. Le mur qui enferme est fait de hauts panneaux, trompe-l'œil incongrus représentant une herbe vert criard. Des patients fument une cigarette, ceux qui sont assignés à résidence, interdits de sortie dans le parc. Sous surveillance des infirmiers, dont le bureau donne sur la cour. J'explique à Fabien que je cherche la chambre 111 et lui raconte l'histoire de Thierry Metz.

Aussitôt, Fabien m'attrape par le bras et m'y conduit. Nous traversons un long couloir, où il se met à chanter avec une voix tremblante et profondément émouvante. Je l'avais vu déambuler dans le parc quelquefois avec d'autres patients, escorté comme une diva. En le croisant, j'avais souri. Son chant venait rompre l'énigme du silence hospitalier. Il insufflait de la vie là où il ne se passe jamais rien. C'était un air d'opéra. J'avais reconnu la *Tosca* de Puccini. « *Vissi d'arte, vissi d'amore, non feci mai male ad anima viva !* » Même dans sa tenue grise d'hôpital, il paraissait jouer sur une scène, en s'appliquant à rouler les *r*, éclatant de désespoir avec ce vernis rouge écaillé sur ses ongles et son rouge à lèvres tranchant sur sa peau noire. Il dévoilait un peu de lui et de son histoire que je ne connaissais pas encore. « J'ai vécu d'art, j'ai vécu d'amour, je n'ai jamais fait de mal à une âme qui vive. »

Je repense à cette scène suspendue, en voyant défiler les chambres de chaque côté du couloir. J'entends taper et crier aux portes des deux chambres d'isolement qui se font face. Fabien soupire, car ces coups sont assenés chaque matin très tôt. L'ambiance est anxiogène. Passé le petit carrefour, nous atteignons le second couloir. Celui du poète. Voilà la chambre 111. Rien de plus banal. Je reconnais le coin de table et les deux lits décrits dans ses poèmes. Un homme dort enroulé dans des draps blancs. Son souffle est puissant. Le mur est couvert d'un papier peint blanc cassé. Les placards bleu turquoise ne ferment plus à clé. Les chaises y sont assorties. Par endroits, les traces d'humidité ont décollé le papier et des moisissures noires apparaissent. À peine quelques instants d'observation silencieuse pour me figurer ce que Thierry Metz a vécu ici même.

On m'avait conseillé de le rencontrer, comme une référence de l'hôpital, un puits de science sur l'histoire de la psychiatrie. Michel Combret, cadre supérieur de santé dans l'unité pour enfants et ados de l'hôpital de Cadillac, a tout de suite accepté. Au premier étage d'un vieux bâtiment, au-dessus des six anciennes cellules de pèlerins, son bureau est un grand bazar plein des livres et de documents éparpillés. Je suis à peine assise qu'il me demande : « Pourquoi Cadillac et la psychiatrie ? » Je donne ma réponse habituelle : le désir de raconter les trajectoires individuelles des patients dans l'univers calibré de l'hôpital, de comprendre comment ils vivent l'enfermement mais aussi le travail difficile des soignants.

Infirmier psychiatrique, puis cadre, Michel Combret a mené des études de sociologie de la santé mentale. Il se consacre à l'écriture de livres et forme les soignants au sein de l'hôpital, pour pallier les manques de repères théoriques dont pâtissent surtout les jeunes infirmiers. Il m'explique qu'avant 1992 les étudiants infirmiers souhaitant se spécialiser en psychiatrie recevaient 1 300 heures de cours théoriques et réalisaient plus de 800 heures de stage en hôpital psychiatrique. Ils arrivaient sur le terrain avec des connaissances solides. Aujourd'hui, un infirmier qui choisit la psychiatrie débarque avec sa bonne volonté mais sans connaissances cliniques suffisantes. S'ils ne sont pas partis à la retraite, de vieux infirmiers peuvent transmettre leur expérience. Le plus souvent, les jeunes soignants se retrouvent entre eux, et peinent à faire face aux diverses pathologies.

Les hôpitaux psychiatriques ont pris le chemin de la rentabilité, selon Michel Combret. Le nombre de lits de psychiatrie a diminué de 60 % entre 1976 et 2006, alors qu'on assiste à une hausse constante des problèmes de santé mentale. Les troubles dépressifs ont atteint un niveau inédit dans l'Hexagone en 2022. La crise sanitaire et ses restrictions ont eu un fort impact. D'emblée, il alerte sur l'urgence de sortir des logiques d'enfermement et de s'engager dans la voie de la créativité. Passionné, convaincu, il assure qu'il faut oser la relation avec le patient. Que la moitié du travail en psychiatrie se fait dans l'informel d'une écoute, passive ou active. « À Cadillac, on fonctionne encore avec les chambres d'isolement et la contention », regrette-t-il. C'est sûr que face à un malade qui décompense, il est plus facile et plus rapide de le contenir physiquement que psychiquement. Pourtant, tout se joue dans une qualité de la présence à l'autre. Il égrène des noms : François Tosquelles, Jean Oury, Lucien Bonnafé, des psychiatres dits désaliénistes qui, au sortir de la Seconde Guerre mondiale, ont révolutionné la prise en charge des malades, en les plaçant au centre des soins, en humanisant le fonctionnement des établissements et en favorisant la relation soignant-soigné.

Un projet de cafétéria cogérée par les patients et ouverte au personnel hospitalier germe doucement à Cadillac. La descendante de celle qui a existé entre 1956 et 1975 à l'hôpital, lorsque l'amicale des malades, avec le soutien de la direction et du préfet de la région Aquitaine, organisait chaque année en juin une grande fête populaire. L'hôpital ouvrait ses portes à tous et programmait un gala de music-hall avec les vedettes de l'époque : Dalida, Pierre Perret, Rika Zaraï, Sacha Distel, Michèle Torr ou Hugues Aufray. Une fête où les malades venaient vendre leurs productions en cuir, rotin, pyrogravure, tapisserie, cordonnerie ou reliure, conçues lors d'ateliers d'ergothérapie. Même si tous ne profitaient pas de cette journée particulière, elle avait le mérite de faire entrer le « normal » dans le « pathologique ». Sur une photographie d'archive, on voit cette joyeuse marée humaine pénétrer dans l'hôpital, les grilles grandes ouvertes. Tout cela paraît inimaginable aujourd'hui. Une habitante de Cadillac, issue d'une famille de vignerons, se souvient de ces bals comme de soirées heureuses attendues toute l'année. La folie n'était pas un danger. « Les fous, raconte-t-elle, étaient intégrés au paysage. On ne se posait pas de questions. On vivait ensemble. »

Michel Combret s'arrête brusquement, me regarde et me dit qu'il parle de lui mais qu'au fond, je ne dois pas être arrivée à Cadillac par hasard. Il veut connaître la raison plus personnelle qui me conduit à m'intéresser à la psychiatrie. Je suis touchée, presque coulée. Je bredouille que c'est une sacrée question. Je tente de fuir en répondant que Cadillac mérite bien un livre. Puis, pendant de très longues secondes, je me tais. Je vois la silhouette de mon père, philosophe des sciences, assis à son bureau, dans sa mansarde d'Amiens, penché sur ses livres de philosophie, son crayon à papier soigneusement taillé, sa gomme et ses immenses carnets de notes en papier Canson. Il fabrique ses livres comme un architecte conçoit les plans d'une maison. Il dit que le lecteur doit s'y sentir à l'aise.

Nous habitions au Mexique lorsque j'étais enfant et je n'oublierai jamais le bruit de la machine à écrire jaune. Tac tac, tac tac tac. Il s'emballait parfois. Que pouvait-il bien écrire avec cette mine si absorbée ? Il était assis à un bureau et s'était entouré de rangées de livres disposés sur des étagères bricolées. Dans mon cerveau d'enfant, les dessins et les couleurs des couvertures de ces centaines d'ouvrages se sont imprimés autant que le cliquetis des lettres gravées qui s'enfoncent légèrement, une à une, sur la feuille blanche. Ses livres fétiches, les pavés blancs qui accompagneront mon père où qu'il aille, ceux de Michel Foucault, cet immense philosophe qui a disséqué des objets complexes et tabous tels que la folie, les prisons ou la sexualité. Tous ses volumes annotés et écornés trônent aujourd'hui dans ma bibliothèque. Son autre bible, *Le Normal et le Pathologique* de Georges Canguilhem, m'intriguait par son austérité, la couverture un peu moche, où était dessiné au crayon à papier le visage souriant de ce Georges, en costume et cravate.

Ce philosophe, médecin et résistant, refusait de réduire le vivant à des mesures quantitatives, nécessaires pour la science mais largement insuffisantes pour soigner l'individu. La maladie n'affecte pas uniquement un organe mais l'homme dans sa totalité. Canguilhem avait donc pensé la médecine en libérant le patient du joug de la maladie et surtout du médecin, ce mandarin tout-puissant, afin de restaurer la notion de qualité de vie d'un patient. Autrement dit, mieux écouter le malade et ne pas imposer une guérison, quel qu'en soit le prix à payer. Avec cet épistémologue, il n'y avait pas d'un côté la maladie et de l'autre la santé. L'une dérive de l'autre.

Il dépouillait ainsi la maladie – dont le patient ne devrait pas se sentir coupable – de sa valeur négative.

En racontant un peu de mon histoire à Michel Combret, je réalise, déstabilisée, l'empreinte silencieuse, discrète et profonde, que la pensée de mon père a laissée en moi. Il a suivi l'enseignement de Georges Canguilhem, dont il a été le secrétaire durant quelques années, et de Michel Foucault qui fut, pour sa part, son directeur de thèse au Collège de France. Celle-ci a été publiée sous le titre *Le Second Règne de la nature*, préfacée par Canguilhem, en 1979, l'année de ma naissance. Livre qu'il dédicace à ma mère, Cécilia. Notre microscopique famille tient dans cet objet de vingt centimètres. Où que nous allions, car nous déménagions souvent, mon père ne se séparait jamais de ces deux monuments de l'histoire de la philosophie contemporaine, qui ont contribué à renverser le regard sur la maladie, l'enfermement et la folie.

J'ai grandi avec un père qui m'a toujours conseillé de me méfier des évidences, de fuir les anachronismes et de toujours aller à la racine, ce que Foucault appelle l'archéologie du savoir ; fouiller chaque souterrain que les savants ont emprunté pour fabriquer de la connaissance, élaborer des théories. L'erreur, à la maison, tenait une place de choix. « L'erreur, c'est joli. C'est à partir des erreurs que l'on fait des découvertes », me disait mon père, qui a consacré toute sa vie à la lecture d'une foule d'ouvrages de naturalistes, entomologistes, médecins, historiens, philosophes et à l'étude scrupuleuse de microscopiques bactéries du choléra, à de terrifiants insectes vecteurs de la fièvre jaune ou à l'anatomie des passions de Duchenne de Boulogne. Fondateur de la neurologie, Duchenne fut un pionnier dans l'usage de l'électricité comme instrument d'expérimentation sur les muscles du visage, pour décrire des affections et localiser leur origine.

Pourquoi diable la ville de Cadillac exerce-t-elle sur moi une telle force d'attraction ? Pourquoi suis-je toujours à la recherche de ce que je ne suis pas ? Souvent, on me demande pourquoi je côtoie les hommes et leur malheur avec acharnement. Mon père, François Delaporte, m'a transmis le goût des autres, le goût des marges et du hors-champ. Cadillac concentre un peu tout cela. Je me rapproche encore un peu plus de lui.

En rentrant dans mon petit studio de la rue Cazeaux-Cazalet, je plonge la main dans ma valise et attrape un des deux livres de mon père que j'ai emportés avec moi. Le rouge délavé apparaît le premier. *Le Normal et le Pathologique*, de Georges Canguilhem, a viré à l'orange. En dessous, une citation : « Aucune guérison ne résiste à l'inconscient biologique. » Une foule de Post-it jaunes dépassent. Je le feuillette et lis les annotations au crayon. Mon père avait une écriture petite, fine et élégante. Un marque-page m'oriente à la page 71 : « L'aliéné est sorti du cadre non pas tant par rapport aux autres hommes que par rapport à la vie ; il n'est pas tant dévié que différent*. » Pour explorer ce concept de normalité, Georges Canguilhem s'était penché sur les analyses des psychiatres. Il a convoqué Eugène Minkowski, grand psychiatre spécialiste de la schizophrénie, qui affirmait que le normal n'équivaut à rien d'autre qu'à un jugement de valeur.

À plusieurs reprises, je me souviens d'avoir employé cet adjectif « normal » avec désinvolture

* *Le Normal et le Pathologique*, Georges Canguilhem, PUF, 1966.

et de m'être fait reprendre par mon père qui avait pour habitude de nuancer et de préciser. Je ne le prenais pas toujours bien, surtout à l'adolescence, où en plus de cela je ne comprenais pas ce qu'il pouvait bien trafiquer dans son bureau pendant des heures sans bouger et sans un bruit, sept jours sur sept. Arrivée en terminale, passionnée de philosophie, j'ai compris et j'ai banni de mon vocabulaire le « normal ».

Je quitte mon logement humide en direction de l'hôpital. Au moment de franchir à nouveau l'entrée, j'aperçois un homme débraillé, une couverture de laine verte sur le dos et deux sacs en plastique. Il est posté juste de l'autre côté de la porte et il gueule : « Je viens chercher mon argent à la conciergerie. Appelez-les ! Vous verrez bien que j'ai le droit ! » Je m'approche, je badge pour entrer et machinalement je lui tiens la porte. J'ai fait rentrer dans l'hôpital un homme qui n'aurait pas dû. Deux gardiens sortent aussitôt de la cabine vitrée pour l'empêcher d'aller plus loin. Tous les fous n'entrent pas. Je réalise mon erreur. Quoique.

Je n'ai plus rien dans le frigo. Comme de nombreux habitants de Cadillac ou patients de l'hôpital, je fais mes courses à Aldi. Il faut longer les hauts murs en pierre du château et traverser le pont au-dessus de la rivière de l'Euille, pour arriver au magasin le moins cher du bourg. La nuit commence à tomber. Je déambule devant les étals. En sortant, je retrouve l'homme à la couverture verte – celui à qui j'avais tenu la porte de l'hôpital – en train de dévorer une crème au chocolat. Il est accompagné par deux autres hommes que je croise souvent rue Cazeaux-Cazalet. Je m'arrête pour les saluer. Il se présente, il s'appelle Manu. Je lui demande pourquoi il était si agité l'autre jour. Il m'explique qu'il est venu depuis Bordeaux pour récupérer de l'argent resté à la conciergerie hôtelière, ce service qui gère les comptes des patients. Et moi, qu'est-ce que je cherche à Cadillac ? me rétorque-t-il. Quand je lui dis que j'écris un livre, il ne lui en faut pas davantage pour se lancer. Il a passé quelques années à l'hôpital, au pavillon Tosquelles. Aujourd'hui, il est SDF à Bordeaux. Puis passant du coq à l'âne, il évoque le documentaire *Douze jours* de Raymond Depardon, dans lequel le cinéaste filme le juge des libertés recevant les patients internés sans leur consentement dans un hôpital psychiatrique à côté de Lyon.

Je l'écoute, un peu éberluée. Il a une barbe d'une semaine, des cheveux blonds en bataille. Un filet de morve rebutant coule le long de sa moustache. Je me concentre sur ses yeux clairs. En arrière-plan, une dizaine d'hommes tiennent le mur du magasin dans la pénombre. Ils boivent de l'alcool, fument, vocifèrent. Un lieu habituel de deal de drogue, shit, cocaïne, héroïne. Manu enchaîne et me demande si j'ai lu *L'Éloge de la fuite* d'Henri Laborit. Je me sens un peu bête, carrément ignorante. Sans s'appesantir sur mes lacunes, il m'en fait un résumé d'un vocabulaire docte et précis. Ce biologiste et chirurgien a introduit dans les années 1950 le premier tranquillisant, la chlorpromazine, une sorte de cocktail qui produit un effet anesthésiant. Il a élargi son usage en psychiatrie.

À mes pieds, les lasagnes surgelées sont en train de fondre. Je m'en veux d'avoir limité mon regard à son apparence. Les idées toutes faites vous éloignent de ceux qui ne vous ressemblent pas. Et maintenant, je n'ai qu'une idée en tête, revoir Manu pour prendre le temps de faire sa connaissance. Je lui propose un rendez-vous le lendemain matin avant qu'il ne reparte à Bordeaux. Il accepte, mais j'ai le pressentiment que cet homme insaisissable m'échappera. Je rentre chez moi et sur le chemin, je m'arrête à la librairie Jeux de mots pour me procurer le livre d'Henri Laborit. Le neurobiologiste affirme que l'imaginaire permet à l'homme de survivre, que c'est une fonction spécifiquement humaine capable de transformer le monde. Dès le premier chapitre, « Autoportrait », ce sont ces lignes qui me frappent et dont je trouve l'incarnation à chaque coin de rue de Cadillac. Certains patients pratiquent les techniques de fuite décrites par Laborit : les drogues dites « psychopathogènes », la psychose, le suicide, l'imaginaire. « Là, on risque peu d'être poursuivi. On peut s'y tailler un vaste territoire gratifiant, que certains diront narcissique », écrit-il.

Le lendemain matin, je cherche partout Manu dans la ville. Il s'est évaporé. Plus tard, j'apprendrai la tragédie de sa vie. Ses parents sont morts lors du tsunami en Indonésie en 2004. La sonnerie de mon téléphone retentit. Le prénom de Marc s'affiche. Il m'annonce l'évasion de l'Espagnole internée à Charcot. Une femme, la trentaine, que je voyais ces derniers jours faire les cent pas d'un bout à l'autre de l'hôpital, l'air préoccupé, en chaussures de randonnée, la tête baissée, comme si elle fomentait un plan. Elle projetait donc de s'enfuir. Quand on y pense, ce n'est pas si compliqué. Lors d'une permission, il suffit de ne pas rentrer. De marcher jusqu'à la gare de Cérons et de monter dans le premier train pour Bordeaux. Je ne sais pas pour quelle raison cette Espagnole a atterri à Cadillac, mais sûrement pas de son plein gré. On m'avait glissé que son père était du côté de Barcelone, gravement malade, et qu'elle était la seule à s'occuper de lui… Marc était désolé pour elle. J'ai souvent vu cette solidarité entre les patients, au-delà de la maladie, au-delà du jugement de ce qu'il est raisonnable d'envisager d'un point de vue médical. Marc m'annonce cette nouvelle comme un soulagement, comme s'il en rêvait, lui aussi, d'évasion. L'Espagnole l'a fait pour lui.

En d'autres temps, Claire aurait fini enfermée dans le château ducal de Cadillac, utilisé comme la première prison pour femmes de France au XIXe siècle, puis à partir de 1905 transformé en école de préservation de jeunes filles, incarcérées de 13 à 21 ans pour des motifs de vol, vagabondage ou outrage public à la pudeur. Parce qu'elle ne parlait pas, Claire aurait été considérée comme réfractaire à la bonne éducation. Ingérable, inadaptée, violente.

Claire vit à deux pas du château. Elle est assise dans sa cuisine. Sa maison, comme beaucoup à Cadillac, est mal chauffée, mal isolée, en proie à l'humidité. Sa mère a été tellement déçue à la naissance de découvrir un sexe de petite fille, née pour trahir, que personne, ni sa mère ni son père, ne lui a dit qu'elle était vivante. Pas un mot, pas un baiser. Il faut imaginer une enfant dans une chambre simple : lit, armoire, bureau. Chaque jour, elle monte au premier étage, ferme la porte à clé et se carapate sous son bureau. Personne ne l'appelle. Une légende raconte qu'au XIIIe siècle, l'empereur romain germanique Frédéric II a voulu connaître les origines du langage. Il aurait mené une terrible expérience sur des bébés. Les nourrices devaient subvenir à leurs besoins essentiels sans prononcer une parole, sans le moindre geste d'affection. Il cherchait ainsi à découvrir s'il existait un langage naturel que ces bébés pourraient développer une fois leur voix mûrie, la langue originelle transmise à Adam et Ève par Dieu. Il ne le saurait jamais. Tous les bébés sont morts au bout de quelques mois. Claire n'est pas morte. Mais son cerveau s'est mis en pause. Le temps de trouver, longtemps après, une source d'oxygène.

Le silence de Claire engloutit son malheur. Sa mère la déguise en garçon. Comme pour effacer la moindre trace de féminité, ou tordre ce destin qui ne lui a pas donné l'enfant qu'elle espérait. Personne ne sait à quoi ressemble la voix de Claire. Son horizon se rabougrit. Elle est prisonnière d'une famille. Il suffit d'un homme à peine plus âgé qu'elle pour saisir l'occasion de fuir. Majeure et toujours mutique. Incrédule de pouvoir plaire. Elle devient mère d'une première petite fille. Une excroissance, une étrangère pour qui elle fait le strict nécessaire. Le mari, qui tient le tabac de Cadillac, l'humilie devant les clients, la rabaisse à la maison, la maltraite sexuellement. Elle subit. Comme on le lui a appris depuis son arrivée au monde. Un jour de printemps, à l'orée de ses 30 ans, sa carapace se craquelle. Jamais on ne l'avait entendue hurler ainsi. Les tonnes de mots et de sons qui ont été contenus durant des décennies éclatent comme la foudre. Claire casse tout. Le mari raconte dans Cadillac que sa femme est devenue folle.

Contention, internement, schizophrénie. Comme l'enfant sauvage, elle réapprend tout. Dans la chambre capitonnée de l'hôpital psychiatrique, elle peut enfin se reposer. La contention rassure, cadre, déleste. Les autres décident à sa place, à huit sur sa peau. Les sangles, ces grandes bandes blanches qui se verrouillent, l'aident à échapper à sa violence. En quinze ans, elle enchaîne une dizaine d'hospitalisations et neuf contentions. Il faut des années avant de trouver le bon traitement, le bon dosage, les bons effets. Des années aussi pour trouver le bon psychiatre, celui qui sait écouter, qui accepte d'expliquer et auquel elle acceptera de donner sa confiance. Certains l'ont mise en boîte, avec un diagnostic à vie. Claire pourtant ne cesse de faire sa mue.

Je l'écoute se raconter. Aujourd'hui, sa pensée éclot. Étonnée de se confier à moi qui débarque du monde lointain des standards. Elle me le dit ainsi, je suis une standard. C'est la première fois que je me sens mise à distance. Eux et moi. Je ne suis pas des leurs. Je suis conforme à la norme, à ce que la société attend, à ce qu'il faut dire, à ce qu'il faut être. Les standards les croient fainéants parce que beaucoup de malades ne travaillent pas et touchent l'allocation adulte handicapé. Ils inspirent la peur, le dégoût. Et si c'était contagieux. Entre fous, ils se reconnaissent, se repèrent avec leur mal-être, comme des sentinelles. Ceux de Cadillac vivent dans une sorte d'île à côté du monde. Je navigue d'une rive à l'autre.

Claire se lève et attrape une pochette. Elle est sur le point de terminer l'écriture d'un livre où elle raconte sa schizophrénie.

«J'ai pas osé

Quelqu'un déranger,
Je suis scarifiée
Un peu blessée.
Pour une âme surchargée
Ça m'a soulagée,
Mais l'instant d'après
Dur d'en parler.
Coupée, dessinée
Telle une artiste née,
Ne m'en voulez
De ce qui est fait »

Désormais, elle dit tout, comme un muet qui recouvrerait la parole par miracle et qui ne pourrait plus s'arrêter. Lors d'une hospitalisation, dans les débris de sa maladie, elle s'est mise à peindre. Des couleurs vives, rouge comme le sang, noire comme la mort. J'ai vu un de ses tableaux accroché à la Maison des usagers avant de la connaître. Un train à vapeur pénètre par la fenêtre d'une chambre d'hôpital. Un tableau peint en pleine crise. Une inspiration qui déferle du fin fond de ses tripes. Elle ne veut plus garder les apparences sauves. Claire veut vivre.

Comme elle, combien sont-ils à vivre ainsi à Cadillac ? Ni l'hôpital ni la mairie ne parviennent à me donner de chiffres. D'après moi, sur les deux mille huit cents habitants, ils sont une centaine. Après avoir été internés pendant des années à l'hôpital, et lorsqu'ils sont stabilisés, ils décident souvent de louer un logement en ville. Ils sont une manne pour les propriétaires de logements insalubres, assurés de voir les loyers versés chaque mois par les tuteurs. Quand on est malade, on ne risque pas de se plaindre. On ne va pas réclamer des travaux. On se contente de ce qu'on vous donne. C'est déjà une chance de ne pas être à la rue. Mais la présence des malades n'emballe pas tous les commerçants. Certains les rejettent ostensiblement. D'autres fraternisent.

Le tabac occupe une place essentielle. C'est ici que les habitants, les malades et les soignants se ravitaillent. Que serait la folie sans tabac ? Guillaume, son propriétaire, la trentaine, père de famille, entrepreneur dans l'âme, me surprend. De nuit, assis à la terrasse fermée d'un restaurant, nous dissertons longtemps sur la place de la psychiatrie dans son commerce, qui ne représente pas l'essentiel de son chiffre d'affaires. « Personne ne soupçonne la richesse réelle de Cadillac », commence-t-il. Ce qui le tracasse, ce sont certains soignants qu'il voit défiler avec des patients malmenés. Il assiste aux petites humiliations. Parfois, les soignants insistent pour qu'ils achètent davantage. Ils leur forcent la main. En face, les malades ont un niveau tel de vulnérabilité qu'ils se soumettent. Ils encaissent parce qu'ils n'ont pas le choix. La ville pourrait être hors du commun, rêve le gérant du tabac. Une ville à part qui expérimenterait dans la joie un fameux pot-pourri. « Bien malin celui qui, derrière le comptoir, saurait distinguer le fou de celui qui ne l'est pas », s'amuse-t-il.

J'ai obtenu, de haute lutte, un rendez-vous avec un psychiatre. Il est chef de pôle de plusieurs unités psychiatriques dans l'hôpital mais aussi d'autres structures en ville. Je ne sais pas pourquoi, je ne suis pas tranquille. Depuis mon arrivée, une réticence sourde à mon endroit parcourt l'hôpital. L'homme, d'une cinquantaine d'années, me reçoit dans un grand bureau. Il m'invite à m'asseoir face à lui, à une table ronde de réunion. Son air sévère et sérieux marque une distance. Je lui demande, naïvement, ce qui peut conduire un jeune étudiant en médecine à choisir la psychiatrie. Sa réponse est évasive. Il dit qu'il y a eu des lectures qui l'ont décidé à se pencher sur cette discipline au carrefour de tant d'autres.

Pendant qu'il me parle, un petit rayon de soleil vient balayer son visage. Il paraît gêné, mais poursuit comme si de rien n'était. Il dresse un panorama de l'évolution de l'hôpital, la sectorisation, le manque de moyens. Ça y est. Le rai de lumière touche son œil. Je lui suggère de se décaler. Il ne répond rien et se rapproche de moi. Ses phrases sont convenues, calibrées et générales. Il veut écourter. Puis, d'un coup, il m'interroge sur mes intentions. J'emprunte un vocable sensible. Je parle des patients que j'ai rencontrés jusqu'ici, le désir d'écouter les raisons qui les ont conduits jusqu'à cet hôpital qui soigne dans la lenteur, parce que la maladie psychique l'a décidé ainsi. J'évoque un peu de mon histoire personnelle, mon père philosophe, l'histoire de la psychiatrie, Michel Foucault. Son visage reste impassible. Plus je déroule mon projet de livre, plus je sens le malaise s'installer. Il dit qu'il souhaite protéger les patients et leur folie de moi, de ce que je pourrais en écrire, de la stigmatisation. J'entends en creux qu'il voudrait se protéger lui et l'institution de toute invasion barbare. Enfin, il tente ce que personne n'osera en huit mois. Il me demande s'il pourra lire l'intégralité du livre avant sa parution. Je suis saisie. Les yeux écarquillés. Évidemment non. Notre entretien prend fin. Je n'ai pas mesuré la défiance dont je serais l'objet de la part des soignants et des psychiatres. Dans leur silence et dans leurs regards, je suis une intruse qui dérange. Que se passe-t-il de si beau, de si tragique et humain dans un hôpital psychiatrique qui ne devrait pas être raconté ?

Je dévale les escaliers. Le psychiatre ferme à clé derrière moi. Dans le parc, je tombe sur une cabane construite à l'arrière de la Maison des usagers. Des patients et deux comédiens de la compagnie Protéo sont là. On entre dans ce petit théâtre éphémère, dans ces *Petites Cachotteries*, chacun son tour. C'est à moi. Le comédien au chapeau noir de magicien m'attend. Des peintures, des trompe-l'œil, des objets insolites sont accrochés aux murs. Il m'invite à m'asseoir sur une chaise. Il récite des poèmes surréalistes. Et d'un coup, un drap blanc tombe, révélant un miroir. Je suis face à moi. Je m'empourpre et je souris, embarrassée.

Être mise à nu, c'est ce que je cherche en venant à Cadillac. J'ai vite compris qu'il me faudrait montrer mes propres failles. Parler de ma famille. Raconter mes impasses. Un jour, j'ai dit à Fabien, le patient chanteur de Charcot, que le fils de mon compagnon était maltraité par sa mère, alcoolique et violente. Qu'à 12 ans, il avait eu le courage de déposer plainte contre elle. Que nous allions le recueillir chez nous. Que cela allait bouleverser notre quotidien. Que j'appréhendais. Fabien m'a regardée et sans hésiter m'a dit qu'il était de mon devoir de sauver cet enfant, qu'il ne fallait penser qu'à lui et que le reste suivrait. Sa mère devait être sacrément malade et malheureuse. Tout de suite, il a compris. La folie surgit quand on ne s'y attend pas, elle circule tout près de moi aussi maintenant. Cette mère-là, j'aurais pu la rencontrer internée dans un des pavillons de cet hôpital.

À Cadillac, j'ai la sensation d'avoir plongé du haut d'une falaise, inconsciente de la vitesse de la chute, mais convaincue de la nécessité absolue de me laisser tomber. Lâcher prise. Je sors de l'installation théâtrale avec un petit poisson en papier que le comédien m'a donné et que j'ai prénommé Jean-Jacques. Je le glisse dans la poche arrière de mon pantalon. Guillaume, le jeune patient aux allures de mousquetaire, est debout sous le barnum, avec

Éric Garcia, l'animateur de la Maison des usagers. Je sens mes yeux s'embuer et je pleure. Pourquoi ? L'émotion d'être là. De m'être fait adopter par des patients à qui on ne peut pas mentir. Guillaume ne comprend pas. Il me regarde et m'enlace.

– Mais non, ne pleure pas. Regarde, il y a les oiseaux, le soleil qui brille, l'air est doux. Ne pleure pas. La vie est jolie.

Ces phrases de consolation s'étendent comme une immense nappe et me recouvrent tout entière.

Au fond du café-librairie Jeux de mots, une vingtaine de personnes écoutent attentivement une dame aux cheveux roux, debout face à eux. Christophe, le libraire, me glisse doucement à l'oreille que Corinne, médium, est en pleine séance. La pièce est faiblement éclairée par une guirlande de couleurs. L'assistance est immobile et grave. Certains ont les yeux rougis. Corinne baisse la tête, concentrée. Elle demande si quelqu'un a perdu un frère. Elle perçoit des maquettes de bateau. Au premier rang, une femme secoue la tête et lève la main. La médium vient d'établir un contact avec un défunt. Elle affirme que le frère est à côté d'elle et qu'il la pince. La femme remue sur sa chaise. Elle veut partir. C'est trop. Mais l'amie qui l'accompagne pose sa main sur son épaule. Corinne continue en disant que le frère qui la pince protège les matelots contre l'alcoolisme. La dame sanglote : son frère est mort alcoolique, il était marin.

Moi qui suis cartésienne et non croyante, je me prends à rêver d'établir un contact avec mon père. Qu'est-ce qu'il penserait de mes pérégrinations à Cadillac ? Je regrette qu'il ne soit plus là pour me donner des conseils de lecture et me lancer ses petites remarques concises et percutantes, d'un air amusé. Mon père n'était pas souvent joyeux. Il lui fallait boire un bon vin le soir pour se détendre et se mettre à rire de bon cœur. Lorsqu'il faisait un jeu de mots, il donnait l'impression d'avoir fait une bêtise d'enfant pris la main dans le sac. Il rentrait sa tête dans les épaules et on voyait parfois apparaître ses dents du bonheur. Je ne crois ni aux fantômes ni aux revenants. Je crois en revanche que ma présence à Cadillac ne relève pas du hasard.

La séance est terminée. Chacun se lève et écarquille les yeux comme au sortir d'une longue sieste. Le libraire connaît mon projet de livre. Je viens souvent dans son café-librairie pour parler avec certains patients. C'est leur point de repère à Cadillac. Une sorte de nid. Un lieu ouvert, le seul dans cette ville où la mélancolie se fond dans la vie ordinaire. Jamais un mot plus haut que l'autre. Personne n'a peur. Comme si cette librairie avait une mission. Faire que chacun trouve sa place. D'une mansuétude sans pareil, Christophe connaît chacun d'eux, qu'ils vivent « dedans » ou « dehors ». Je me dis qu'il faut du cran et de la volonté pour accueillir dans sa librairie ceux qui sont, partout ailleurs, *persona non grata*. Christophe est un enfant de Cadillac. Un jour, il faudra que je lui demande pourquoi il est revenu, après être parti de longues années.

Il me présente à sa mère, venue assister à la séance de médium. Elle-même est originaire de Cadillac ; ses parents tenaient la bijouterie de la rue Cazeaux-Cazalet. Elle fut secrétaire médicale à l'UMD de Cadillac pendant trente ans. Elle a vu passer des milliers de dossiers de patients reconnus irresponsables de meurtres ou de viols. À l'époque, on l'appelait l'unité Boissonnet. L'amie qui l'accompagne est une infirmière psychiatrique à la retraite.

Entre le comptoir et les étals de livres, les deux retraitées se souviennent amusées d'une époque où, lorsqu'un patient s'échappait, un hélicoptère tournoyait au-dessus de la ville. Les gendarmes faisaient le tour des maisons avoisinantes pour demander aux habitants de ne pas sortir, de tirer les volets et de fermer les portes à clé jusqu'à nouvel ordre.

Nous sommes le 15 octobre 2022. Alors que je rentre dans mon studio de la rue Cazeaux-Cazalet, mon portable me signale une alerte info : « Une fillette a été retrouvée morte dans une valise à Paris. La suspecte a été arrêtée et placée en garde à vue. » J'allume aussitôt la télévision et les chaînes d'information en continu ne parlent déjà que de ça.

« Lola avait 12 ans et rentrait du collège. Son corps a été retrouvé vendredi soir dans une malle en plastique près de chez elle, dans le 19e arrondissement de Paris. Dahbia B., une femme algérienne de 24 ans, principale suspecte du meurtre, a été mise en examen lundi par un juge d'instruction parisien pour "meurtre" et "viol aggravé sur mineur avec actes de torture et de barbarie". » Je me laisse tomber sur le canapé.

Sur le plateau de télé, des experts, des psychiatres, des journalistes commentent ce meurtre.

« Comment expliquer un tel acte de violence ? » « Monstrueux », « barbare », « terrifiant », « sauvage », « abominable »... Le profil instable de la coupable présumée s'affine. Les commentateurs glissent du « profil psychologique » au « profil psychiatrique ». Je jette un œil sur Twitter et le déchaînement a commencé. Certains appellent de leurs vœux le retour de la peine de mort, d'autres sont obnubilés par les origines algériennes de la tueuse et par son statut d'étrangère sans papiers, marginale et instable. L'hystérie s'installe.

La question de la responsabilité pénale arrive rapidement dans le débat. À la télé, un expert rappelle des affaires similaires et fait référence à l'affaire Romain Dupuy, reconnu coupable d'avoir égorgé le 18 décembre 2004 une infirmière et une aide-soignante à Pau. Comme aujourd'hui le meurtre de la petite Lola, ceux perpétrés par Romain ont choqué la France entière. Depuis, cet homme est enfermé à l'UMD de Cadillac, à quelques encablures de ma rue. L'idée qu'il faille me méfier davantage des patients me traverse l'esprit. Pour la première fois.

L'histoire de Romain Dupuy a créé un précédent. Lorsqu'il poignarde les deux soignantes (dont l'une est décapitée), la police met un mois avant de le retrouver. Interpellé en janvier 2005 lors d'un contrôle de police à Pau, Romain, 21 ans, est diagnostiqué schizophrène depuis plusieurs années. Confondu par des tests ADN, il reconnaît être l'auteur du double homicide. Les nombreuses expertises de psychiatres affirment que Romain Dupuy souffre de schizophrénie paranoïde et d'un délire de persécution. Il serait pénalement irresponsable de ses actes. Le 14 décembre 2007, la chambre de l'instruction de la cour d'appel de Pau rend son ordonnance : non-lieu. C'est un choc pour les familles des victimes, qui organisent deux jours plus tard un rassemblement pour réclamer un procès aux assises. Nicolas Sarkozy vient d'être élu président de la République. L'occasion est trop belle. Il fait le déplacement à Pau et déclare devant les médias : « Que veulent ces familles ? Qu'il y ait un procès. Que veulent ces familles ? Pouvoir faire le deuil. Que veulent ces familles ? Qu'on ne leur explique pas qu'il y a un non-lieu. Parce que quand vous avez votre femme ou un membre de votre famille qui est assassiné ou décapité et que la justice vous explique qu'il y a un non-lieu, ça veut dire que l'événement n'a pas eu lieu.» Une aberration juridique: un non-lieu est la décision d'un juge d'instruction qui déclare qu'il n'y a pas lieu de poursuivre en justice. Cela ne signifie pas que la justice nie la réalité des faits.

Depuis dix-huit ans, Romain Dupuy vit à l'UMD de Cadillac, une des dix structures existant en France. Il est aujourd'hui âgé de 39 ans, et sa schizophrénie est stabilisée. Il souhaite quitter l'UMD pour une unité classique. Malgré les avis positifs des commissions de médecins et psychiatres, la préfecture s'oppose systématiquement à tout transfert. Et à chaque passage devant le juge de la détention et des libertés, obligatoire pour tous les patients internés sans leur consentement, Romain demande une autorisation de transfert. En vain. Une seule fois la juge a accédé à sa demande, considérant que les droits de ce patient étaient bafoués. Aussitôt, l'État a fait appel. Et sa demande a finalement été rejetée.

Romain Dupuy dit subir une injustice car d'autres patients, reconnus irresponsables de meurtres comme lui, sont aujourd'hui dans des unités classiques ou ont même quitté l'hôpital. J'en ai rencontré quelques-uns dans l'hôpital mais aussi vivant à Cadillac. Je suis frappée par la résilience dont ils font preuve. Pour ceux-là, ni les psychiatres ni les soignants ne crieront jamais victoire. Et pourtant, ils pourraient. Voir un homme dépassé à un moment par sa folie, capable de retrouver un équilibre au bout de dix ou vingt ans, faire société sereinement, mener à bien des projets et recouvrer sa dignité, c'est dire la puissance discrète de la psychiatrie. La patience dont il faut faire preuve. Accepter le doute, la perplexité, le vacillement, le risque, les avancées qui n'en paraissent pas, les bonds en arrière qui désespèrent. Et puis, un jour, le malade quitte sa folie. Pour une heure, une saison ou à jamais. Nul ne le sait.

Certains soignants, qui ont bien connu Romain Dupuy, pensent que s'il n'avait pas tué des infirmières, l'affaire n'aurait pas pris un tour politique. D'autres assurent que sa stratégie de médiatisation n'arrange rien. Fin août 2022, Romain et dix-sept autres patients de l'UMD écrivent à la direction de l'établissement, à l'agence régionale de santé, au ministère de la Santé et au contrôleur général des lieux de privation de liberté, pour se plaindre des dégradations des soins. Ils dénoncent une structure en souffrance. Certains soupçonnent les infirmiers d'avoir poussé et soutenu les patients dans cette fronde inédite.

Symbole d'une folie meurtrière, Romain se heurte à un État qui refuse de prendre le risque d'un nouveau passage à l'acte. S'il avait été jugé responsable des meurtres, il aurait probablement pris la perpétuité. Pour les familles des victimes, le laisser sortir reviendrait à lui donner une seconde chance. Un malade psychiatrique qui a tué à cause de sa pathologie est-il condamné à ne jamais guérir ? Est-ce que l'accompagner dans la guérison, c'est l'excuser ? Et une fois considéré comme guéri, a-t-il sa place parmi les hommes ? Et s'il avait tué mon fils, que lui aurais-je souhaité ? Lui aurais-je pardonné ? Qu'aurais-je fait de ma tragédie ?

J'éteins la télévision avec dans ma rétine le visage encore poupon de Lola, cette fillette sans histoire qui a croisé la route d'une déséquilibrée. Prise d'une inquiétude soudaine, j'inspecte les placards. Je sais pertinemment que mon attitude est absurde. Mais je le fais quand même. Je prends une douche et là encore j'hésite à m'enfermer dans la salle de bains. J'ouvre l'eau chaude. J'entre dans la baignoire et tire le rideau. J'imagine, comme cela m'arrive parfois, ce que je ferais si un homme s'y introduisait. Scénario à la Hitchcock. Je pousserais l'eau chaude à fond et je retournerais le pommeau vers lui. Non, inutile. Il pourrait m'agripper et je serais fichue. Hurler à l'aide ne m'avancerait à rien. Je me sèche vite fait, passe mon pyjama. L'appartement donne sur une courette en bois. Je m'approche de la porte-fenêtre. Si quelqu'un s'échappe de l'UMD, cette courette serait une cachette parfaite. J'ouvre et, prudemment, je me penche pour observer le ciel. Un grand silence. La nuit noire. Les étoiles scintillantes. Un air humide et froid. Personne. Comme tous les soirs. Même la lucarne de la cuisine de mon voisin est éteinte. Dans mon cerveau, un petit vent de panique tourbillonne. Je me précipite pour tirer les volets.

Avant de me coucher, j'inspecte sous le lit. Cette nuit-là, je me réveille toutes les deux heures. Une nuit envahie par des peurs irrationnelles. Si je réagis ainsi alors que je circule toute la journée dans l'hôpital psychiatrique, qu'en est-il de ceux qui n'y ont jamais mis le pied ? Depuis des semaines, je bataille pour obtenir une autorisation d'entrer à l'UMD, la plus infranchissable qui soit. En ai-je encore envie ?

Après une nuit épouvantable, je pénètre dans l'annexe du tribunal judiciaire de Bordeaux, situé dans l'enceinte de l'hôpital. Chaque mardi et jeudi, une juge de la détention et des libertés vient, depuis Bordeaux, auditionner des patients hospitalisés sans consentement et statuer sur le bien-fondé de cet internement. Ce matin, six patients sont convoqués. La première vient de l'unité hospitalière spécialement aménagée (UHSA) de Cadillac, une unité mi-pénitentiaire, mi-hospitalière, qui accueille des détenus nécessitant des soins psychiatriques. Cindy ne marche pas, elle piétine, les yeux hagards, un rictus forcé. Trois surveillants de la pénitentiaire, tout en bleu et équipés de protections, encadrent cette femme maigrelette de

1,50 mètre, les cheveux plaqués jusqu'aux épaules, les mains menottées devant.

Les audiences sont publiques. Pour une fois, je n'ai pas besoin de justifier ma présence. La jeune prévenue et son avocate s'installent face à la magistrate en robe et sa greffière. La justice, tout un théâtre. Trois coups et la pièce commence. Cindy est enfermée à l'UHSA depuis quatre ans. Elle est donc à la fois détenue et malade. D'une voix fluette, presque inaudible, elle marmonne qu'elle appartient « à la mafia russiana ». Elle fait une pause et poursuit : « On a accueilli des malades mentaux, ça s'est pas bien passé, j'étais au mont des grands vampires, ma mère travaille au Formule 1 mais je ne suis pas restée. » Le discours est troublant et désarticulé. La magistrate n'a pas l'air surprise. Un dialogue ubuesque s'installe.

– Vous êtes d'accord pour rester dans cette unité ?

– Je ne suis pas d'accord, je ne veux plus faire le film, je veux partir.

La magistrate écourte.

– Je vais rendre ma décision dans l'après-midi et vous l'aurez demain. Vous avez quelque chose à ajouter ?

– J'aimerais bien voir une photo de ma fille Maylis et de mes deux enfants. Est-ce que vous pouvez me montrer une photo?

La magistrate secoue la tête, affligée.

Je tapote alors sur la barre Google de mon téléphone: «Cindy Maylis Bordeaux prison.» Le résultat est immédiat: «Une jeune mère condamnée à vingt-cinq ans de prison pour avoir noyé sa fille de 7 ans dans la baignoire.» Cindy a tué sa fille. C'était le 26 mars 2018, dans un appartement de la cité HLM du Grand Parc à Bordeaux. Un matin, avant de partir à l'école, la mère de 24 ans fait couler un bain pour le petit dernier qui s'est tartiné les cheveux de yaourt. Tout habillée, Maylis entre dans le bain. Cindy hurle et s'emporte violemment. Elle lui enfonce la tête dans l'eau. La gamine, par instinct, cherche de l'air. Cindy la submerge avec force à plusieurs reprises. Jusqu'à ce que l'enfant perde connaissance. La lutte est terminée. Lorsqu'elle réalise, Cindy appelle son compagnon, père de ses deux derniers enfants: «J'ai fait une bêtise. J'ai noyé Maylis.» De précieuses minutes s'écoulent, de celles qui auraient peut-être sauvé la vie de la petite. Cindy appelle ensuite la police. Malgré les tentatives de réanimation, l'enfant décède à l'hôpital de Bordeaux peu après son arrivée.

Je repense à l'affaire qui mobilise la France ces jours-ci, le meurtre de Lola, retrouvée dans une valise à Paris. Toujours cette question lancinante : celle de la responsabilité pénale de l'auteur. Je lève la tête. L'audience est finie. Avant de franchir la porte, Cindy s'arrête et tourne la tête vers moi, me fixe deux secondes et me sourit, les yeux perdus dans le vague. Elle repart comme elle est arrivée dans ce survêtement gris trop large, avec son corps décharné, ses menottes aux poignets et les trois colosses de la pénitentiaire. Mon fils a 7 ans. J'ai un haut-le-cœur.

Lors de son procès aux assises en janvier 2022, tous ont cherché à élucider le profil de Cindy, à décrypter l'incompréhensible. Les experts psychiatres déclarent que malgré « un profil psychologique instable, une avidité affective aveugle et une angoisse de séparation tatouée dans son cerveau », Cindy ne souffre pas d'une pathologie psychique qui aurait pu altérer ou abolir son discernement. Malgré une dizaine d'avortements en dix ans et de nombreuses tentatives de suicide. Malgré « une recherche permanente de réassurance » et « une grande immaturité » conjuguée à « une peur de l'abandon, du rejet, du vide ». Au début, Cindy nie sa culpabilité et affirme ne pas être la mère de Maylis. L'avocate générale reste convaincue de sa pleine et entière responsabilité, la taxe d'affabulatrice tout en concédant un terrain psychologique fragile. Avec le temps, l'accusée a aménagé ses déclarations dans le sens d'une réduction de sa responsabilité, jusqu'à ne plus rien reconnaître, commence-t-elle. Mais le geste appuyé dans la durée et par la force signe la volonté d'homicide. Son acte semblait imprévisible. Ses proches n'ont pas pris la mesure de sa personnalité complexe. C'est une façon d'être que d'affabuler en permanence, mais ce n'est pas pathologique, conclut l'avocate générale. Si tout cela ne relève pas d'une pathologie, pourquoi n'a-t-elle jamais intégré une prison classique, pourquoi, depuis son jugement, est-elle restée internée dans l'unité mi-psychiatrique, mi-pénitentiaire de Cadillac ? La justice des hommes aurait voulu lui faire prendre conscience de son acte. Elle aurait voulu insuffler des remords chez Cindy.

Elle aurait voulu rendre justice à l'enfance. Mais la justice des hommes s'est heurtée à la folie d'une femme.

Condamnée à vingt-cinq ans de prison par la cour d'assises de la Gironde et d'une peine de sûreté de seize ans, avec un suivi socio-judiciaire de dix ans, Cindy paraît toujours aussi délirante. Une infirmière de l'UHSA me confirme qu'elle ne tiendrait pas dix minutes dans une cellule en détention et qu'elle risque de passer encore bien des années dans cette unité fermée de Cadillac où, pourtant, les détenus ne séjournent en moyenne pas plus d'un an.

Au tribunal de grande instance de Cadillac, Cindy a demandé à voir le visage de sa fille.

Le dimanche, l'hôpital est presque désert. Quelques familles viennent rendre visite à leurs proches. Souvent des parents qui apportent du linge et des douceurs à leurs enfants hospitalisés. Ceux qui n'ont pas de visite se retrouvent autour de la table de jardin, sous le barnum. La moitié d'un pot de miel s'est renversée. Il fait encore très doux. On aimerait que les heures cessent de peser le poids de l'enfermement. On aimerait croire à un après-midi entre amis, à la banalité de la vie. L'hôpital tourne au ralenti. Pas un soignant en vue. Comme si les patients vivaient seuls dans une grande propriété. Ils préféreraient cela sans doute. L'un d'eux, Guillaume, celui qui a le grand privilège d'accéder à la ville, revient avec deux sacs remplis. Les kebabs, hamburgers, sodas et frites ont un goût de liberté.

Oscar croque à pleines dents dans son sandwich. La sauce dégouline. Il avale une gorgée de Coca en fermant les yeux. Il est au paradis.

Pas une seconde sans que les uns ne taxent les autres. Du matin au soir, j'assiste à un trafic ininterrompu de tabac et de monnaie. Un vrai troc. On échange une cigarette contre une canette. On économise ou on s'endette. Le temps qu'il reste à tenir se calcule à l'aune d'un paquet de tabac à rouler. Tirer sur la fin d'une clope, c'est gratuit. Ceux qui grillent trop vite leur réserve, fouillent les poubelles en quête de mégots. Des prêts, des dons, la feuille, le filtre, le briquet. Le cannabis et l'héroïne parviennent à se frayer un chemin dans l'établissement malgré les contrôles sanguins. Trafic de sexe aussi. Les patients ne laissent pas leur désir à la grille. À l'hôpital, il n'est pas interdit d'avoir des rapports sexuels. Ils sont tolérés, mais mieux vaut se cacher. Combien de fois ai-je entendu raconter que certains se soulageaient dans des recoins de l'hôpital, derrière les buissons, à l'abri des regards. Tout se deale, le sexe, les drogues et le tabac. Fabien, admis à Charcot, déclare en riant qu'un jour il a mis les pieds dans le plat en demandant aux infirmières comment ça se passait s'il avait envie de faire l'amour. Elles lui avaient répondu par un grand silence gêné.

Autour de la table, Arthur, un des plus jeunes, paraît un peu gêné lui aussi. Dodu, les joues roses, les cheveux frisés, c'est autre chose qui le chiffonne. Cette vieille dame qui s'est réveillée en pleine nuit dans son unité. « Où es-tu Papa ? » criait-elle comme un petit enfant. Arthur a plongé dans un profond désarroi. En psychiatrie, le plus dur, c'est la souffrance des autres. Le bruit, les cris angoissés, la nuit à errer dans les couloirs. La solitude. Il s'estime heureux de pouvoir marcher dans les allées du parc, son casque sur les oreilles. Il y a peu, après une altercation verbale, un infirmier l'a immobilisé physiquement. Clé d'étranglement. Il a hurlé : « Liberté, liberté ! » Au sol, empêché de respirer, il a cru mourir.

Jean-Jacques, la cinquantaine, ressemble à un Tzigane, cheveux noirs, yeux clairs. Il est bavard. Il volait de l'alcool, Cointreau, whisky, Malibu, vodka, liqueur 43, Ricard. Tout y passait pour s'alcooliser la gueule, comme il dit. Voilà un an qu'il a tout stoppé. Arthur l'écoute attentivement, presque admiratif. Jean-Jacques explique que vivre dans un squat à Bordeaux entouré d'alcooliques et de voleurs ne l'aide pas à s'en sortir. Il se sent bien ici, à l'hôpital. Même s'il ne voulait pas naître dans ce monde pourri où on s'entre-tue pour un oui ou pour un non. Après être passé chez les bonnes sœurs, il est devenu maraîcher puis cambrioleur. La prison, ça le connaît. C'est là-bas qu'il a compris que les démons rentrent dans le corps des hommes. Depuis tout petit, le diable vient le voir. Il lui parle et le pousse au crime. Ils disent qu'il est bipolaire. Ils disent que les piqûres, ce sera jusqu'à sa mort. D'ailleurs, depuis, le diable lui a lâché la grappe. Il se tourne vers moi et me demande, très sérieux, si je pense qu'il vaut mieux qu'il aille sur des places ou dans des bars pour déclamer son discours politique avant de devenir président de la République. Il accepte cette mission divine, confiée par le Dieu d'Israël.

Depuis la grande allée, Rémi, bonnet en laine sur la tête, se pointe avec de gros sacs de linge propre. Il rentre de la laverie de Cadillac. Demain, il partira. Pour toujours. On ne le verra plus, nous annonce-t-il. Ciao, bye-bye. Le grand jour est arrivé. Celui dont tous rêvent. Rémi a passé plus de quinze ans à l'hôpital de Cadillac. Des transferts incessants, des unités classiques aux plus fermées. Il égrène les acronymes : USIP (Unité de soins intensifs psychiatriques)-UMD-Pinel-USIP-Pinel. À la racine, la mort de sa mère. Les addictions, la violence, l'hôpital. Dès sa toute première arrivée, à l'âge de 17 ans, il a été contentionné en chambre d'iso'. Il s'est battu un paquet de fois avec les soignants, même avec Éric Garcia. Aujourd'hui, ils en rigolent. Il ne se sent plus agressé au moindre coup d'œil. Quand il a essayé un appartement en centre-ville il y a deux ans, il n'était pas encore prêt. Il dormait le jour et marchait la nuit. Retour à la case départ. Depuis peu, Rémi a trouvé une sorte de paix intérieure. Demain, il quittera l'hôpital pour une chambre autonome dans le foyer d'accueil médicalisé John-Bost à Sainte-Foy-la-Grande, à une cinquantaine de kilomètres. Marina se lève et tombe dans ses bras. Elle pleure. Il la console. Un jour, son tour viendra.

Fabien est face à moi. Il chante « Ciao amore, ciao ». Sa manière à lui de dire au revoir à Rémi. Nous l'écoutons tous, un peu mélancoliques. Sa voix tremblante a cappella et son sourire… Fabien est arrivé à l'unité Charcot sous l'emprise d'une bouffée délirante qui lui a fait mettre le feu à une poubelle sur le parking d'une grande surface bordelaise. Il survivait dans la rue. Il chante et me fixe droit dans les yeux. Je soutiens son beau regard. Il porte au poignet la clé de sa chambre attachée par un petit morceau de tissu blanc. Fabien est issu du peuple des Buschinengé, littéralement « Nègre de la brousse », ces esclaves africains rebelles de la Guyane hollandaise qui se sont enfoncés dans les profondeurs de la forêt amazonienne, sur les bords du fleuve Maroni. Fabien, dernier de onze enfants, a poussé comme une herbe folle avec l'amour fou d'une mère courage. À la fin, nous l'applaudissons.

L'automne est trop doux. Nous subissons de violentes attaques de moustiques assoiffés de sang. J'ai un petit flacon de lavande dans mon sac. J'en mets sur mes poignets. Jean-Jacques respire cette senteur en fermant les yeux. Il dit que ça lui rappelle son enfance. Je propose de lui en appliquer un peu pour dissuader les insectes. Il accepte. Je touche sa peau. Tous les autres me tendent leurs bras. Ce geste infime, cet effleurement des peaux, ce petit cercle de mon index sur des poignets meurtris, scarifiés ou tatoués., me rapprochent un peu plus d'eux. Une douce odeur de lavande envahit le parc.

Les rencontres sont parfois fugaces et fulgurantes. Les patients me confient le plus précieux. Je ne dis rien de peur de tout détruire par un mot incompris. La fragilité de ce qui advient tient à un rien. Il suffit d'attendre sur ce banc. Une jeune infirmière de l'unité Pinel m'a dit un jour que les patients adhésifs étaient difficiles à manier. J'ai souri. C'est beau, un patient adhésif. Il colle. Il adhère. Il aimante. Il a besoin de l'autre. Il ne s'en cache pas. Il fait corps. Moi aussi, je suis adhésive.

La première fois que j'ai fait la connaissance de Sylvie, c'était à l'été 2022 sous le parasol de la Bohème chic, une boutique de fripes, celle qui fait face à l'une des cinq agences immobilières de la ville. Elle était assise sur une chaise en train de se rouler une cigarette. Cette boutique vintage accueille autant les patients de l'hôpital que des acheteurs lambda. On peut s'asseoir et boire un café gratuitement. J'ai remarqué le coup d'œil de Sylvie quand j'ai dit que j'écrivais un livre sur Cadillac. Elle m'a reconsidérée et elle a été droit au but en m'assurant qu'elle avait aussi écrit un recueil de poésie, *Mauve*, à l'âge de 17 ans et qu'elle avait été publiée au Castor Astral. Depuis des décennies, cette maison d'édition spécialisée en poésie est devenue une référence. Aussitôt, je lui demande si elle en a gardé un exemplaire. Elle n'en possède pas, mais sa fille conserve le manuscrit original. Peut-être seraitelle fière si elle voyait qu'une écrivaine s'intéresse à ses petits écrits.

Ainsi s'est passée notre rencontre. J'avais ressenti chez Sylvie une certaine espièglerie doublée d'une immense sensibilité. J'avais remarqué la lenteur de son élocution dans une langue française châtiée. J'avais secrètement fait le vœu de pouvoir la revoir. Et de dénicher ce fameux recueil de poèmes.

Mon premier vœu s'est exaucé plus tard, en septembre, lorsqu'elle m'a invitée chez elle. Dans un petit immeuble recouvert de lambris, rue Cazeaux-Cazalet, à quelques numéros à peine de l'entrée de l'hôpital psychiatrique. Je pénètre dans une courette au carrelage blanc. Quelques plantes grimpantes et un escalier de secours en fer qui conduit au premier étage. Sur l'une des deux marches du logement, un bac rond est rempli de mégots de cigarettes. Une porte en bois clair est grande ouverte. C'est l'obscurité. Une femme est assise face à la fenêtre. Sa silhouette immobile se découpe en contrejour : menue, recroquevillée, penchée en avant, un chapeau de paille sur la tête. Entre elle et moi, un monde de débris. Le premier mètre carré déborde de clopes, de cendres et de plastiques déchiquetés. Un vestige d'abat-jour marron clair a terminé sa course à demi penché sur le sol, retenu par un amoncellement de boîtes de conserve vides. Comme des cargaisons de colis d'urgence jetés d'un avion, des monceaux de vêtements, des pots de yaourts et de compote, des protections hygiéniques éventrées recouvrent entièrement le sol.

À droite, des livres empilés sont enrobés d'une couche de poussière. Faulkner, Camus, Céline, Aragon et Yourcenar. Punaisées au mur, quelques photos éparpillées, dont celle d'une petite fille brune, souriante, la main devant sa bouche, qui me fixe, mutine. Le placard est béant, complètement vide. Un lit double est encastré dans l'angle gauche. Des tas de couvertures en laine, des chapeaux en feutrine jaune, rose, rouge et des pulls bigarrés s'entassent sur un matelas taché. Une grande affiche de Bob Marley est collée au mur. Sur la cheminée condamnée, des albums de musique en bataille, Nina Simone, Mozart, Iron Maiden, Brassens. Au sommet de ces tours de CD, un petit lecteur bleu nuit tient en équilibre. De là s'échappe un grésillement de radio mal réglée.

La femme ne bouge toujours pas. Je manque de glisser sur des bris de verre, des amas de chaussures, puis sur une grappe de raisin déjà piétinée. Une odeur de tabac froid et de soupe remonte à mes narines. Le bruit caractéristique du briquet s'enclenche. Elle tire sur sa clope. J'entends le tabac se consumer. Elle expire et une volute de fumée s'échappe.

– Tu es là ?

– Oui.

– Bienvenue dans mon humble taudis. Il y a même des rats. Je vais bien trouver une tasse propre pour te faire un café.

– Non ne t'inquiète pas, je suis bien comme ça.

Elle se hisse sur ses jambes aussi frêles que les pattes d'un veau qui vient de naître. Puis se laisse choir sur un imposant fauteuil tapissé par la cendre et patiné de crasse. Elle replie ses jambes comme une adolescente. Puis chuchote du mieux qu'elle peut. Plusieurs grosses bagues en argent ornent ses petits doigts. De larges lunettes rouges sur le nez cachent des yeux bleu clair. Elle attrape son dentier et le positionne dans sa bouche. Une toux irrépressible lui déchire les poumons.

– Tu as compris. J'ai le syndrome de Diogène. J'accumule. Tu vois sur cet autre fauteuil, il y a mes chapeaux. J'adore les chapeaux.

– Pourquoi tout est par terre ?

– Parce que je ne suis rien. Je suis une malade mentale de merde. J'attends rien de la vie. Elle n'attend rien de moi. Je n'ai aucune raison de m'occuper de tout ça. Je n'ai pas de but. Je suis une clocharde céleste.

Une étincelle de tabac brille sur son joli pull vert sapin puis s'éteint presque aussitôt. Sylvie est une étoile filante. Elle se penche vers son sac à main en crêpe rose et sort un tube de Doliprane. Je me dirige vers la cuisine et trouve une tasse propre. Une seule. Au passage, je fais l'inventaire. Des casseroles brûlées et entassées traînent au pied de la kitchenette. Une cafetière filtre débranchée avec des paquets de café moulu éventrés tout autour. La nuit tombe doucement. J'allume l'ampoule de la salle de bains. Je découvre une pièce nue et sale, la cuvette souillée. Pas une serviette, pas un savon. Je lui tends la tasse d'eau. Le silence nous remplit et je la regarde laisser parler ses gestes au ralenti.

Sylvie sait depuis peu qu'elle a une tumeur cancéreuse à la gorge et trouve lamentable de finir sa vie dans un lit d'hôpital. Pourtant, elle en a fait des tentatives de suicide. Elle s'est jetée d'un étage, a avalé quatre-vingt-six médicaments avec du whisky, fait neuf jours de coma, s'est ouvert les veines. La mort n'a pas voulu d'elle et maintenant c'est elle qui vient la chercher. Elle me demande si j'ai lu *Mishima ou la Vision du vide* de Yourcenar. Cet écrivain japonais a préparé sa mort selon le rituel du seppuku, en se transperçant le ventre avant d'être décapité. À partir du moment où on choisit sa mort, elle passe crème. Les gens disent que c'est lâche de se suicider. Sylvie ne trouve pas. C'est même le contraire. Pendant que nous discutons, je vois une petite souris grise fureter sous le gros fauteuil, slalomer entre ses Nike blanches. La cigarette consumée est jetée comme une plume par-delà une falaise, allant rejoindre des centaines d'autres dans un bac-cimetière.

Sylvie ferme les yeux. Son trait d'eye-liner noir suit la courbe de ses paupières. Je la vois flottant comme la princesse d'une cité ancienne entourée d'une mer de décombres. Elle serait la dernière survivante. Sa main tâtonne sur la table basse et provoque l'envol d'une famille de mouches. Elle attrape un paquet de feuilles et s'en roule une troisième. Elle a été angoissée par la mauvaise nouvelle du cancer, mais elle est décidée à affronter la grande salope avec courage et dignité. Dans sa bouche, les mots claquent. Elle n'est ni la première ni la dernière. On lui a dit qu'elle risquerait peut-être de perdre sa voix avec la chimiothérapie. Mais au moins elle survivrait. Sa psychiatre a augmenté les doses des antidépresseurs pour éviter l'effondrement.

On toque à la porte. Une jeune infirmière masquée, les mains protégées de gants, apparaît dans l'encadrement. Elle passe tous les jours en coup de vent, matin et soir, pour traiter la schizophrénie, une des pathologies psychiatriques chroniques dont souffrent beaucoup de patients à Cadillac.

Sylvie se lève avec difficulté pour la remercier. Face aux nombreux médicaments éparpillés sur le sol crasseux, l'infirmière conseille de ne pas les avaler et disparaît.

Lentement, un petit matin de novembre, j'ai quitté Cadillac avec ma valise à roulettes. Je suis passée sous la porte de la Mer, en direction des quais. J'ai emprunté le pont au-dessus de la Garonne, celui qui me donne le vertige. Je m'imagine déjà tombant à l'eau, tentant de sauver mon ordinateur et mon portable. Je fabule vite. Puis je marche le long d'une route sans trottoir. Les voitures s'écartent. Après vingt minutes, j'aperçois la gare de Cérons. Le trajet en train vers Bordeaux, puis jusqu'à Paris n'a pas suffi pour que je me détache de Cadillac. Je vois des visages défiler, ceux des malades de l'hôpital. Mon téléphone vibre. Claire, l'enfant mutique devenue peintre, me dit qu'elle a de l'inspiration pour son livre et qu'elle aimerait beaucoup me revoir. Je suis peuplée par Cadillac.

Arrivée gare Montparnasse, je dois prendre un troisième train. Deux heures à tuer. Je choisis la table d'un restaurant en extérieur. Un belvédère pour observer les gens. Je commande un sandwich. Je croque dedans. À cet instant, un homme surgit, les yeux hagards, à l'entrée du restaurant, vêtu d'un costume gris et d'une chemise blanche, un porte-documents en cuir à la main. Il transpire à grosses gouttes. Passe et repasse. Puis disparaît. Je l'oublie. J'observe le balancier continuel des voyageurs. Au milieu du brouhaha ambiant, un piano joue du Chopin.

À côté de moi, deux femmes boivent un verre. L'une d'elles prend un rendez-vous téléphonique. Sa voix stridente me dérange. L'homme au costume se poste devant elles et propose maladroitement de leur payer un pot. Surprises, elles remarquent son agitation et lui demandent s'il va bien. Il dit que non, ça ne va pas du tout, qu'il fait une crise d'angoisse et qu'il a besoin de parler. L'homme s'assoit sur la chaise vacante près de nous. Il ressemble à Vincent Lindon. Il ne cesse de serrer et de desserrer des documents entre son pouce et son index.

Il est venu à Paris pour repérer l'adresse d'un prochain entretien d'embauche. Il répète qu'il est mal. Je tourne ma tête vers lui. Il accroche mon regard. Il se pince les lèvres, peine à respirer. Porte ses mains au visage pour essuyer ses larmes, s'excuse plusieurs fois. Alain habite à Angers où il travaillait dans l'immobilier. Un jour, il s'est fait la malle en voiture et a vidé son compte en banque en deux jours. Et puis, burn-out, hôpital psychiatrique. Les médecins diagnostiquent une bipolarité. Il n'y croit pas. Je décroche un quart de seconde de cette scène. La réalité m'a rattrapée par la manche sitôt après avoir quitté Cadillac. Ne t'en va pas si vite. La folie est encore là. Dehors. Partout.

Alain a cessé son traitement. Les effets secondaires le transforment en légume, dit-il. De toute façon, il y a erreur. Son front perlé de sueur s'assèche. Les deux femmes prennent leur train. Nous restons seuls. Subitement, il veut que je serre sa main. Plusieurs minutes s'écoulent. Je dois partir. « Pas déjà », soupire-t-il en me demandant mon numéro de portable. Je souris et refuse. « Vous croyez que je vais vous harceler, c'est ça ? » me lance-t-il. Je cède. Il décide de m'accompagner jusqu'au quai. Il mime une histoire d'amour. Il serait mon mari et il m'emmènerait à mon train. Il voudrait me faire la bise. J'accepte. Je lui demande d'avoir le courage de se soigner lorsqu'il rentrera chez lui. Il secoue la tête. Je pars sans me retourner.

Ma nuit est agitée, loin de Cadillac. Je rêve de Sylvie, de Marc, de Samuel, l'homme de la Poste. C'est brumeux, une foule de patients, le parc boisé. Je rêve qu'il me reste encore un pavillon, le plus éloigné de l'entrée de l'hôpital, à visiter. Et je l'oublie à chaque fois. Je n'y parviens jamais. Je me réveille comme un lendemain de match de boxe, la gueule cassée. Après mon départ, Sylvie, la poétesse déterminée à terrasser le cancer, prend l'habitude de m'appeler plusieurs fois par jour. Elle me laisse de longs messages. Je peine à la comprendre. Je me mets aussitôt en quête de son livre de poésie. En quelques clics, je parviens à le retrouver à la Bibliothèque nationale de France et à la bibliothèque municipale de Bordeaux. Cette dernière répond illico à ma demande. Elle possède un exemplaire de *Mauve*. Je les convaincs de me le prêter à titre exceptionnel pour l'apporter à son autrice. Ma quête surprend et intrigue. J'irai lors de mon prochain voyage récupérer l'objet rare. Je l'annonce à Sylvie, folle de joie et flattée d'avoir été conservée. Elle qui passe à Cadillac, un jour sur deux, pour une mythomane.

Hors de Cadillac, je reste en suspens. Mes nuits continuent à me téléporter à l'hôpital. Et toujours ce rêve lancinant où je dois rejoindre un patient tout au bout du parc. Je veux presser le pas mais il y a ce ralenti. Engluée, empêchée. La scène se rejoue en boucle jusqu'au réveil. Le jour, je fais des recherches sur les patients. Je m'étais promis de retrouver un bout du passé de Robert, le guitariste, qui vit à l'unité Marguerite. Un livre écrit par un ami chanteur raconte qu'il est né en 1962, à Saint-Jean-de-Luz. Sa sœur et lui ont été élevés par leurs grands-parents, après le décès des parents dans un accident de voiture. Tout jeune bassiste, il intègre un groupe de rock bordelais. Le succès ne tarde pas. Il enregistre un album, fait les premières parties de Jacques Higelin devant des milliers de personnes. Enivré par le succès, il consomme des drogues. Robert devient toxicomane.

Je commande aussitôt son 33 tours enregistré en 1999 sous son propre label. Il joue seul à la guitare. L'enregistrement se fait dans un bar. Il interprète ses textes. Il paraît déjà ailleurs. Son univers est émouvant, mélancolique, un peu destroy. Comme des lettres à un amour perdu. Sa voix déraille. Comme s'il disait au revoir. Il chante : « Je vais venir de loin au bord des larmes pour y pêcher des charmes et je vais faire du foin ; que sonnent les alarmes débarquent les gendarmes, je vais venir Lady, je ne viendrai jamais je le sais bien, je vais rester tout seul un peu bégueule un peu outrancier et je vais rapiécer mon vieux linceul d'éternité. »

Sur le métier à tisser, les fils sont de plus en plus nombreux et enchevêtrés. Nous construisons, avec les prétendus fous, une tapisserie qui raconte la vie secrète de Cadillac. Dans le TGV, je suis impatiente de découvrir les poèmes de Sylvie. Lorsque j'arrive à Bordeaux, je file à la bibliothèque Mériadeck. Le conservateur m'attend au quatrième étage. Sur la couverture, le visage d'une femme de profil est dessiné à l'encre noire. C'est son amie de lycée, Cat Dussillols, cofondatrice du Castor Astral, qui l'a illustré. En bas à gauche, la cote : D.L 40 346 éditions du Castor Astral. Je le range dans mon sac. Attendre pour l'ouvrir d'être assise dans le train régional en direction de Cérons.

Sur le trajet, des paysages périurbains défilent. Je feuillette quelques pages. Sylvie a passé son enfance à lutter auprès d'une mère maniaco-dépressive, l'ancêtre du trouble bipolaire. L'amour de son père Jacques, Sylvie s'y accroche dur comme fer. L'enfant comprend vite que sans lui, elle ne s'en sortira pas. Elle ne manque de rien. De beaux habits, une belle maison, de belles vacances à Saint-Tropez. Face à la mer, la petite fille reste assise sur sa serviette. Elle scrute l'horizon et se demande si sa mère sourira un jour, ou si elle mourra en pleurant. Puis elle se prête à rêver d'un prince charmant qui l'enlèverait. Au bord de l'eau, le père fait poser ses trois enfants en ligne face à son Rolleiflex qui immortalise une banale scène estivale. Sylvie, le visage d'une enfant qui n'en est déjà plus une.

Son père est un homme aisé, respecté. Cadre supérieur chez Esso, chaque matin il quitte le domicile avec son costume foncé taillé sur mesure, sa sacoche en cuir à la main, puis grimpe dans sa Renault 16 grise. Par la fenêtre, Sylvie le regarde s'éloigner. Un instant seulement. Car il lui faut préparer sa sœur et son petit frère. Elle monte les escaliers, traverse le couloir, s'arrête un peu essoufflée devant la chambre à coucher parentale où sa mère dort, les bras en croix, vêtue d'un peignoir. La naissance d'une intranquillité qui ne s'éteindra plus.

Sylvie est un petit modèle. Une enfant de nature timide et introvertie. À 14 ans, elle goûte à la psychiatrie sous son pire jour. Ses parents découvrent une boulette de shit dans son sac. Le médecin de famille leur suggère de la faire enfermer à l'hôpital psychiatrique de Cadillac. Ça lui apprendra. Elle se débat. On l'empoigne, et on lui enfile la camisole de force deux heures dans une chambre d'isolement. À partir de là, Sylvie perd pied et se laisse happer par les joints et l'alcool, à coup de quatre bouteilles de gin par jour.

Dans le train, je tiens entre mes mains un bout de sa vie écrit en trois semaines au cours de l'année 1975. Un petit livret mauve délavé, vestige d'une toute jeune lycéenne, dévoreuse de littérature. Elle écrit. Elle essaie de se sauver. Mais elle entre en destruction. À l'adolescence, elle prend la fuite, de celles évoquées par le neurologue Henri Laborit : les drogues et l'imaginaire. Dans les squats, elle frôle l'overdose à plusieurs reprises. Elle quitte Bordeaux pour Paris, où elle rencontre un Marocain, dont elle tombe amoureuse. Ainsi va la vie, sans filet, sans certitudes, sans lendemains.

À 20 ans, elle attend un bébé. À six mois de grossesse, alors qu'elle traverse le square de la porte des Lilas pour prendre le bus, un homme l'empoigne, la traîne par terre par les cheveux, et la viole. Un témoin appelle la police. Elle est transportée au commissariat. Lorsque son compagnon découvre qu'il s'agit d'un compatriote, il se retourne contre Sylvie et lui interdit de déposer plainte. Quelques semaines plus tard, elle le quitte et perd ce premier enfant dont elle ne fera jamais le deuil.

Je lis ses poèmes.

« Tout se brouillait, s'embrouillait puis brillait, le grain de sable dévalait le brin d'herbe et les regards chuchotaient dans la blancheur du silence qui colorait à peine le vert pâle des neiges feuillues. »

La langue est voluptueuse, psychédélique, fille d'une époque, celle de la libération sexuelle des femmes, du rock californien, des opiacés, du reggae et des rêveries indiennes.

« On dirait du ciel qu'il a souvent comme un goût de vent, de murmure, d'eau et de caresse ; l'odeur d'une envie de vivre. D'une envie de fille aux yeux clairs qui croquerait du raisin dans le soleil, la tête un peu penchée en arrière. De petits insectes seraient posés sur le bord de ses cils, la lumière du matin passerait en blancs nuancés aux contours de son visage. »

J'imagine déjà la joie de Sylvie de tenir entre ses mains ce livre dont elle ne possédait même pas un exemplaire. À peine arrivée à Cadillac, je monte quatre à quatre les escaliers de son immeuble. Je lui annonce que je l'ai. Sylvie esquisse un sourire. Je le lui tends. Elle écrase sa roulée et attrape le livre. Elle le dévore des yeux. Elle n'y croit pas. La couverture n'a pas changé, plaisante-t-elle. Elle feuillette. Elle me demande si je trouve ça mièvre. Je dis que non. Que c'est beau comme une jeune fille qui a la vie devant elle. Quand, petite, elle lisait des livres des heures durant, on lui disait qu'il fallait qu'elle quitte sa tour d'ivoire. Sylvie n'en est jamais redescendue.

À Cadillac, j'ai pris mes habitudes. J'entreprends un détour par la minuscule supérette du centre-ville, ouverte sept jours sur sept, pour me ravitailler en bouteilles d'eau. De retour, après avoir traversé la place centrale, je marche sur la rue Cazeaux-Cazalet, une sorte de cordon ombilical. Un lieu de circulation qui permet aux patients l'air de rien de s'oxygéner, de s'alimenter, de rester vivants. Entre l'hôpital et le centre-ville, à peine trois cents mètres et un écosystème foisonnant, impossible à détecter à l'œil nu. Au numéro 67, un cabinet d'orthophonie. Au numéro 73, il existe deux extensions de l'hôpital : le SASS (service d'accompagnement social aux soins) et le GEM (groupe d'entraide mutuel). Au numéro 85, la Maison de la réhabilitation thérapeutique accueille huit patients de l'hôpital, une étape pour renforcer leur autonomie et leur réinsertion. Un peu plus loin, dans les ruelles adjacentes, l'hôpital de jour et le centre médico-psychologique, sans compter une quantité incongrue de plaques de kinésithérapeutes, psychologues, psychanalystes, psychothérapeutes, et de pharmacies – trois – dans un rayon de cent mètres.

J'entends une petite voix, un « bonjour » de loin. Je me retourne : c'est Samuel, cette fois assis sur une marche d'entrée d'immeuble, à côté de la banque. Je fais demi-tour et viens le saluer. Je lui dis que, depuis mes derniers passages à Cadillac, il est temps de m'arrêter pour parler avec lui. Je sais qu'il connaît Sylvie. Je crois même qu'ils se sont aimés. Sam fume une roulée, son sac à dos accroché aux épaules. Son corps massif, ses tatouages, son visage buriné, tout chez lui en impose. Dès qu'un passant se présente à sa hauteur, il lance un bonjour qui signifie « n'ayez pas peur de moi, je ne suis pas méchant ». Ceux qui connaissent ses hauts et ses bas répondent sans crainte. Quand il est en manque de cannabis, il insulte dans le vide : « Fils de pute, sale bâtard ! » Une bouffée et ça va un peu mieux.

D'autres passants, moins à l'aise, s'en écartent. Ça le blesse.

À Cadillac, il est considéré comme un marginal, dealer de drogue au lourd passif psychiatrique. À part Sylvie, le libraire Christophe et quelques soignants, peu m'en ont parlé en bien. Au commencement, Sam pousse son premier cri dans une cellule à barreau de la prison pour femmes de Gradignan, un jour de 1972. Né du corps d'une femme emprisonnée qu'il ne connaîtra jamais. Né de l'enfermement. À cette évocation, des larmes coulent sur ses larges cernes noirs. Sa grande main les essuie aussitôt. À six mois, il est adopté par un couple aisé de la région bordelaise. Le seul enfant noir parmi des Blancs. Il grandit dans un vieux château transformé en institut agricole dirigé par son père. À 5 ans, il assiste au suicide de son grand-père d'un coup de fusil. La mort lui transperce la conscience pour toujours. À 17 ans, un amour impossible donne le jour à un garçon. L'histoire de Roméo et Juliette, sans la mort au bout. Sam ne connaîtra jamais ce fils.

Ce n'est pas la première fois que le vocabulaire utilisé par des patients pour parler de psychiatrie me trouble. Décalage total entre leur apparence, parfois négligée ou même repoussante, et leur maturité, immense lucidité. Rarement dans ma vie j'ai rencontré des êtres humains aussi malmenés par la vie que capables d'appliquer la devise socratique « Connais-toi toi-même », inscrite au frontispice du temple d'Apollon à Delphes. Le résultat de longues années de traitements, d'hospitalisations, de galères et de solitude.

Toute sa vie, Sam s'est employé à s'autodétruire. Il intègre la Légion étrangère pour sauver sa peau. Roulant de guerre en guerre, pendant cinq ans. En Bosnie, un sniper tue son binôme. La mort aux trousses, Sam encaisse de plus en plus mal. Jusqu'à se faire éjecter de l'armée à vie. Livré à ses démons, il replonge dans l'héroïne, la cocaïne, le crack. Englué dans les trafics, il se retrouve un jour dans un go fast Hollande-Bordeaux, pourvoyeur de stupéfiants à vive allure pour contourner les contrôles douaniers. À Bordeaux, il se fait arrêter, tire sur les policiers et les attaque au couteau. Il est interné d'urgence à l'UMD de l'hôpital psychiatrique de Cadillac. Marqué à vie par ce jour où, prisonnier de sa schizophrénie, enfermé en chambre d'isolement, il s'est retrouvé allongé nu sur un lit, attaché aux quatre membres, devant un psychiatre, un préfet, sa secrétaire et des soignants. Il veut que je sache que son cauchemar a duré huit ans. Qu'il a écumé les quatre unités principales. Choqué d'être mélangé à des tueurs. Comme celui qui a violé une gamine de 5 ans, lui a arraché le cœur et a bu son sang. Sam dit que cette inhumanité le débecte, qu'il n'est rien de tout cela.

Il ne supporte plus cette souffrance. La vie lui a mis une grande baffe. Je pose ma main sur son énorme épaule. À l'hôpital psychiatrique, quand on y entre, dit-il, on ne sait jamais quand on va en ressortir.

Assis sur une chaise en plastique au soleil, les mains à plat posées sur ses genoux, Jordan, résident de l'unité Marguerite, m'apprend la mauvaise nouvelle. Marc est mort. Incrédule, je sors mon téléphone pour relire nos récents échanges. Mi-novembre, Marc m'annonce un cancer de la langue. J'espère qu'il sera bien soigné. Sans nouvelles, je le recontacte. Il est désespéré, assurant qu'il va crever sans soins. Quelques jours avant sa mort, il me prévient qu'il est toujours à Cadillac, qu'il a vu les équipes des soins palliatifs et qu'il veut tout stopper.

Le jour de son anniversaire, à 64 ans, Marc s'est suicidé dans sa chambre, rédigeant, avec grande délicatesse, un mot pour les soignants, en les remerciant de s'être si bien occupés de lui. Il a bouché avec des compresses le trou de sa trachéotomie, jusqu'à l'étouffement.

Une lumière d'hiver transperce les feuilles des marronniers. Marc m'avait raconté sa vie de labeur, de petits boulots dans les domaines viticoles, dans la maçonnerie, avant d'ouvrir son bar à Cadillac. Portant à bout de bras sa femme devenue alcoolique, qu'il visitait plusieurs fois par jour au pavillon Charcot, tirant le temps nécessaire le rideau du bar. Marc avait le souci de l'autre. Le souci de l'Espagnole évadée, le souci de Mina aussi, une jeune fille fragile dont il prenait soin, avant qu'on le force à quitter l'unité Charcot, où il avait fait sa connaissance. Peu après, Mina a mis le feu à son tee-shirt. Brûlée au torse, elle a été internée à l'unité de soins intensifs de Cadillac. Marc a perdu sa trace. Ils ne se reverront plus.

Chaque samedi, à 5 heures du matin, les camions entrent dans la vieille ville. Les commerçants installent leurs étals dans les rues du centre. Des barres de fer claquent. Les marches arrière déclenchent des klaxons répétitifs. À Cadillac, c'est jour de marché. On boit le café jusqu'à midi. On discute sur le trottoir, envahi par les odeurs de poisson, d'huile aux chichis bouillante et de choux frais à peine sortis de terre. Les terrasses des cafés sont pleines. Le temps d'une matinée, la ville rayonne.

Le grand Guillaume sirote son Coca à la terrasse du café-librairie Jeux de mots. Il me reconnaît. Dès mon premier jour à l'hôpital, il m'avait invitée à le rencontrer ici. Je m'assois à sa table. Il me dit à nouveau qu'il a un cahier et un stylo pour rapper. Je commande un Coca. Un homme à la peau mate, petit bonnet sur la tête, prend un café à la table voisine. Il demande du feu. L'homme donne un dernier coup de langue à sa feuille roulée et enclenche le briquet. C'est un voisin de chambre de Guillaume à l'unité Marguerite. Yacine fait un geste de la tête pour me saluer et me tendre la main. Les cloches de l'église s'agitent. Il est 11 heures. Guillaume dit que Dieu est le seul à décider. Parfois, il lui arrive d'aller prier. Nous restons silencieux. Me vient l'idée qu'il me fasse visiter cette église. Nous partons. Je peine à suivre ses pas de géant sur la rue qui monte. Nous nous frayons un chemin entre les badauds. Fier d'être mon guide, il marmonne : « Tu verras, tu fais comme moi, c'est spécial. »

Dans l'église, une vague de fraîche humidité nous enrobe. Il fait un approximatif signe de croix, puis me présente chaque statuette en pierre de part et d'autre de l'allée centrale.

– Tu vois là, là c'est Jésus, là c'est la Vierge Marie et là c'est Judas.

Nous arrivons face à l'autel. Guillaume se rapproche des bougies. Ses mains tremblotent. Son air est grave.

– Fais comme moi, tu fermes les yeux, tu fais un vœu et tu ouvres tes bras comme ça.

Ses paupières recouvrent ses grands yeux noirs. Ses mains blanches et lisses, paumes vers le ciel, ne tremblent plus. Je l'imite. Je fais le vœu que ce livre donne à voir la plus belle et la plus sensible des folies. J'ouvre un œil. Guillaume n'a pas bougé d'un pouce. Sa mâchoire est serrée et ses lèvres humectées baragouinent des sentences à toute vitesse.

Il bredouille: «Jésus Marie Joseph, pleine de grâce, pauvres humains, chassons le diable et Judas. Rends-nous plus forts, ne nous laisse pas.» Sa peau blanche de Kabyle et ses cheveux noirs frisés sont éclairés par la lueur du vitrail, précisément là où le soleil a choisi de lancer son rayon. Guillaume ouvre les yeux, regarde du côté du sanctuaire aux dorures, observe le tableau central: Jésus crucifié, une couronne d'épines sur la tête, une femme en robe noire à l'arrière-plan, une autre à ses pieds en robe rouge et un homme, en habit de pape, une main tendue vers Marie à genoux.

Guillaume se précipite sur les quelques bougies éteintes et entreprend de les rallumer une à une. Je l'y aide. Il fait à nouveau le signe de croix dans le désordre. Puis nous repartons vers la réalité. Il esquisse un sourire de dragueur satisfait. Maître en la demeure, il m'a intronisée à sa manière. Nous n'étions plus rien que nous-mêmes, débarrassés de nos stéréotypes, des siens, des miens, et de ceux du monde. Les cloches se déchaînent. Guillaume file à l'hôpital. Il doit être rentré pour midi. Il m'apprend qu'à l'hôpital les patients signent des contrats de soin. Ils doivent respecter les horaires fixés et suivre à la lettre les autorisations de sortie, sinon la confiance se perd et les permissions aussi. Cadillac vit au rythme de ces contraintes. Elle n'est pas une ville comme les autres. Les patients, sans le savoir, y déposent leur empreinte.

Je devais passer Noël avec Sylvie. Nous avons longtemps disserté sur le menu qu'on concocterait pour le réveillon. Et puis son cancer en a décidé autrement. Elle est hospitalisée pour une durée indéterminée. Je passerai le 24 décembre à l'unité Marguerite. À l'hôpital psychiatrique, les fêtes de fin d'année sont source d'angoisse. Certains patients se renferment davantage. Beaucoup ne retrouvent pas leur famille. Tout est au ralenti, les effectifs des soignants sont au minimum. Ceux qui sont réquisitionnés pour les jours fériés se sentent punis.

Dès 18 heures, une dizaine de patients tournent autour du réfectoire. Ils savent qu'un apéritif et un repas amélioré vont être servis. Nez collés à la vitre, ils observent les soignants couvrir les tables de nappes en papier blanc. Dans la petite salle télé à la lumière tamisée, certains somnolent, allongés sur des canapés. Dans le patio, un homme est assis les mains jointes. Il a des dreadlocks et une large barbe poivre et sel. Je le croise parfois dans les allées du parc. Nous ne nous sommes jamais parlé. Il marmonne. Je le salue. Il me regarde en me disant que si les planètes et les astéroïdes lui foncent dessus, ça explose tout. Il faut faire des mouvements de yoga. Ça remet le gravitationnel, assure-t-il.

Bertrand, 49 ans, vit dans la fascination de l'univers. Dans un monde de trous noirs. Dans la solitude de sa logorrhée. Je ne peux pas lui avouer ma phobie profonde du vide et de l'univers. Pas à lui. Il égrène son expérience douloureuse de la psychiatrie. « Ça fait combien de temps ? » je demande. Vingt-quatre ans. D'abord à l'hôpital psychiatrique Charles-Perrens à Bordeaux. Un an à l'UMD de Cadillac. Puis dans une unité classique, à Marguerite. Constat d'une vie foutue, balance-t-il, clairvoyant.

Rapidement, il embraye sur les hologrammes et la bombe atomique. Elle seule peut détruire les astéroïdes qui nous foncent dessus. Parce que la bombe atomique, c'est grave. Il sent que je l'écoute. Je tente de le ramener au soir de Noël. Non. Noël, non… Ça ne l'emballe pas. L'enfant, il croit qu'il a deux pères. C'est catastrophique. Je ris. Il n'a pas tort. Il reprend son discours en assurant que la télépathie, c'est un truc de dingue. Il est content de faire de la télétransmission avec les extraterrestres, persiste-t-il. C'est dangereux mais ils sont transparents et ils rentrent dans la matière. Il faut leur donner à manger sinon ils rentrent en nous. Ils aiment le coulommiers, uniquement ce fromage-là.

Il est 19 heures. Dans une salle aux néons blancs, le repas est morne. J'imaginais un peu de musique et d'entrain du côté des soignants, une petite fête. Les patients croquent les gâteaux apéritifs dans un silence pesant. Deux s'étouffent à moitié. Une altercation démarre entre deux jeunes. Les insultes fusent, ils se lèvent et haussent le ton. L'un des deux est envoyé « en chambre ». Soupe de poisson en entrée, boudin blanc aux pommes et purée, fromage, bûche, Champomy. Aux alentours de 20 heures, la plupart regagnent leur chambre. Une distribution de cadeaux aura lieu le lendemain matin, des colis offerts par des commerçants de Cadillac. Depuis plusieurs jours, les patients ne parlent que de ça.

L'équipe de nuit prend la relève, une jeune infirmière et une aide-soignante, jusqu'à 7 heures du matin. Les couloirs sont éteints. Le binôme enfile sa blouse, se saisit du chariot où sont empilés les pyjamas. Elles s'apprécient peu, m'a prévenue un autre soignant. Ça tombe bien, elles vont passer Noël ensemble. Elles font le tour de chaque chambre. On commence par Loïc, tétraplégique suite à une défenestration ratée. L'aide-soignante, proche de la retraite, entre seule dans la chambre pour lui mettre une protection. Certains patients dorment déjà. Il faut les réveiller pour les médicaments. La jeune infirmière fait tomber des clés par terre. Elle peine à les ramasser. Elle se tient le bas du dos. Son visage grimace. Elle arrive au niveau de la chambre de Jojo, un patient déficient, mascotte de l'unité.

– Bonjour, mon amour, lui lance-t-elle. Tu vas enfiler ton pyjama ! C'est l'heure de dormir.

Ce mot affectueux et maternant me surprend. Elle s'avance vers son lit, l'aide à mettre le pyjama et s'enquiert de la veilleuse. Jojo est une sorte de gros ours qui a besoin d'être protégé. L'amour existe.

Abdel s'approche, il n'est pas encore couché. Il bave malgré lui et demande quand il pourra voir un psychiatre. Il aimerait obtenir un laissez-passer pour aller en ville. La jeune infirmière hausse le ton. Elle en a marre de ses questions.

– Abdel, tu me fatigues. Tu crois que j'ai envie d'être ici, moi, un soir de Noël ? Tu ne crois pas que je préférerais être avec mes enfants ?

Le laissez-passer, ce sera plus tard. Pas de psychiatre dans l'unité avant la semaine prochaine. C'est les vacances. Abdel ne bronche pas. L'infirmière ne décroche plus un mot. Dans le dernier couloir, Lucien sort en pyjama. Je me penche pour découvrir sa chambre. Elle est en vrac, avec Lego, baskets, peluches à terre.

La nuit, ça peut être tumultueux. Certains crient, d'autres tapent. Les patients ont un bouton d'appel. Il faut bien les connaître. Savoir quels termes utiliser pour les rassurer. L'aide-soignante décoche le « si besoin » lorsqu'elle est à bout d'arguments. Un médicament administré, en dernier recours, en cas de forte anxiété, d'angoisse panique ou de difficulté à s'endormir. Les patients aiment bien l'idée de ce filet ultime de sécurité. La poésie du « si besoin ».

Les deux soignantes retournent au bureau à l'entrée de l'unité. L'infirmière s'affaire dans la pharmacie. Elle range les médicaments et se positionne dos à moi. Seule l'aide-soignante dénonce à quel point les conditions de travail se sont dégradées au fil des décennies. Au même poste depuis plus de vingt ans, elle quittera sa blouse avec soulagement dans peu de temps. Les vieux psychiatres, très humains et proches des patients, sont partis à la retraite, regrette-t-elle. Les jeunes arrivent, croient tout savoir et veulent tout changer. Dans les faits, ils sont moins nombreux et moins souvent présents à l'hôpital. Elle égrène les manquements. Les consultations journalières n'ont plus lieu. Quelquefois, elles se font par téléphone. Je comprends rapidement qu'en s'adressant à moi, elle essaie de faire passer un message à sa jeune collègue. Je lui demande comment son entourage ou ses amis réagissent à son métier. Même son mari ne comprend pas son goût pour la psychiatrie. Elle pense que la folie n'est pas là où l'on croit.

L'hôpital regorge d'archives, de dossiers médicaux remontant au XIXe siècle. Tous ces cartons sont entreposés dans une unité désaffectée. Cécile, la documentaliste, est sur le point de les verser en intégralité aux archives départementales de Bordeaux. Il reste quelques jours. Nous entrons dans un bâtiment désuet, situé tout près de l'enceinte de l'hôpital. Un lieu chargé d'histoire, où en d'autres temps, les voix de malades résonnaient. Des tonnes de cartons sont entreposées. Cécile me tend des gants en latex et m'apporte une série de documents du début du XXe siècle. Tout est écrit à l'encre d'une belle écriture cursive. Chaque patient possède son dossier. Je feuillette les correspondances entre le psychiatre et les membres de la famille. Les lettres que les patients adressent à leur médecin. Histoire de la maladie, observation médicale, ordonnance, dossier médical. Tous les médicaments, traitements, saignées, cures, camisoles sont consignés.

En quelques pages, toute une vie sagement rangée, parfois les malades ressortent en meilleur état, parfois ils meurent enterrés dans le cimetière de l'hôpital. Un dossier attire mon attention. Celui d'un paysan de la région. Il est viticulteur, mais possède aussi du bétail et cultive ses légumes. Il s'appelle Pierrot, il est né en 1900 à Verdelais. Il a été interné par sa femme après avoir tenté de se pendre dans la grange. À son arrivée, il ne parle pas et cesse de s'alimenter, convaincu de ne plus avoir d'estomac. Il est hagard, en pyjama toute la journée, assis sur son lit, dans le pavillon Raynier. Dans un premier temps, il est diagnostiqué « mélancolique ». Méfiant et persécuté, il pense que c'est la maçonnerie qui l'a envoyé à l'hôpital. Parfois c'est sa famille qui dirige l'asile ou son frère qui s'est débarrassé de lui. Il le sait par les ténèbres de l'esprit, le prêtre aussi le sait. Ces ténèbres lui parlent toutes les nuits et toutes les journées. Il y en a en Gironde et en Dordogne. Ils sont nuisibles, ils sont deux bêtes invisibles, ils sont bien cachés.

Puis je lis qu'au bout d'un mois il présente des troubles mentaux caractérisés par un oppositionnisme farouche, du mutisme absolu et systématique. Impossibilité d'explorer le fonds mental. Il se sent persécuté. Pierrot est psychotique et alcoolique.

Tous les échanges entre le patient et son psychiatre sont retranscrits à la lettre. On appelle cela un interrogatoire. Il a eu lieu dans la chambre du patient le 7 août 1937, deux ans avant le début de la Seconde Guerre mondiale. Le docteur Andrieu s'approche. Le malade est debout, auprès de la fenêtre, à côté de son lit. Il s'assoit sur le bord de son lit.

– Comment ça va?

– Il ne faut pas demander si je vais mieux, je n'ai plus de cervelle, je n'ai plus d'yeux... vous ne savez pas que je suis damné?

– Vous avez fait des péchés?

– J'en ai fait. Le bon Dieu m'a fait faire un faux mariage, voilà ce que c'est, parce que le bon Dieu m'a sorti les idées.

– Le pain que vous mangez, où s'en va-t-il puisque vous n'avez plus d'estomac?

– Je ne sais pas, c'est l'idée que j'aurais eue de manger.

– Pourquoi êtes-vous là ? Pour vous punir ? Est-ce que vous entendez encore des voix qui vous disent que vous êtes damné ?

– Non mais il y a quelque chose qui me chauffe. (Il se tient la tête à deux mains.)

– Est-ce que vous avez encore un cœur ?

– Non, non plus.

– Avez-vous encore envie de mourir ?

– Je n'ai pas besoin de répondre, je ne répondrai sur rien… je suis l'égal du pape, je suis mort et vivant.

Huit ans plus tard, dans la même chambre, face au même psychiatre, Pierrot répond aux questions. Il va mieux. Il va quitter l'hôpital psychiatrique de Cadillac.

– Je n'ai jamais été fou. Je ne suis pas devenu fou. Ça fait huit ans qu'on est ici. J'en ai vu de toutes les couleurs. On ne sort plus d'ici, il faut bien faire vivre les gens comme vous. Il vaudrait mieux avoir une corde au cou ou être mort que d'être ici.

– Vous vous entendiez bien avec votre femme ?

– On était trop heureux pour rester ensemble.

– Il y avait quelqu'un de jaloux alors ? Est-ce qu'il y aurait eu quelqu'un qui aurait voulu prendre votre femme ?

– Oh… oh non… pour moi, c'est mon patron qui m'a fait ce tour-là.

– Qu'est-ce qu'il avait contre vous ?

– Je ne sais pas… je ne peux rien dire… je ne sais pas… je fais une supposition, je peux me tromper.

– Vous ne demandez jamais votre sortie.

– Eh bé, je demande ma sortie.

– Vous ne me l'avez jamais demandée.

– Je ne l'ai pas demandée, non.

– Ne voulez-vous pas sortir ?

– Eh si… Que voulez-vous, si je peux…

– Est-ce que vous vous souvenez quand vous étiez ici, au début, vous ne parliez pas et vous pleuriez beaucoup.

– Oh ! j'ai souffert ici.

– De quoi ?

– De… de l'intérieur.

– Qu'est-ce qui se passait à l'intérieur ?

– J'ai été très ennuyé, qu'est-ce que vous voulez, mais je ne souffre plus à présent.

– Qu'est-ce qui se passait ?

– Mais je souffrais.
– De quoi ?
– Eh bé… ça m'a passé, je ne sens plus rien.
– Vous ne souffrez plus ?
– Non de rien.

Je n'ai pas eu l'autorisation d'assister à des échanges entre patient et psychiatre à l'hôpital. Je suis persuadée que ce dialogue datant des années 1930 pourrait avoir lieu aujourd'hui. Entre-temps, les psychotropes ont révolutionné la prise en charge des maladies mentales. Mais la parole, la conversation, l'écoute, l'évolution de soi dans le regard de l'autre ne pourront jamais être remplacées.

Ce matin, je choisis un banc en fer forgé blanc, légèrement à l'écart de la Maison des usagers. Une jeune femme gracieuse s'approche de moi, un carnet et un stylo à la main. Coiffée d'une longue tresse noire, elle s'assoit délicatement à l'extrémité du banc. Irène, la petite trentaine, se dit fascinée par ma démarche. Elle me bombarde de questions : est-ce que ce sera un roman ? Comment vais-je le construire ? Elle aussi écrit pour raconter sa maladie. Elle est érotomane, énonce-t-elle simplement.

Irène est professeure de russe dans un collège de la région Aquitaine. Au début, son obsession grandissante pour Raphaël Enthoven n'avait rien de méchant. Elle s'abonne à sa page Facebook et elle consulte les lieux de conférences publiques de l'écrivain médiatique. Sans que ce dernier ne s'en doute, le fait d'avoir accepté Irène en « ami » va nourrir la construction délirante de la jeune professeure. Convaincue, assure-t-elle, qu'il l'aimait, sans oser le lui avouer. Irène lui envoie des mails et des messages via les réseaux sociaux. Il répond à quelques-uns et cela renforce Irène dans l'idée que ces missives ont une signification secrète, qu'elle est seule à pouvoir les déchiffrer. Elle l'admire et le désire.

Elle assiste à une de ses conférences. Au milieu des centaines d'auditeurs, au premier rang, elle fixe Raphaël Enthoven, sûre que l'homme lui envoie de discrets signaux. Elle obtient une dédicace et scrute chaque mot écrit à la plume. C'est certain, il l'aime et surtout il peine à se séparer de sa compagne, Adèle Van Reeth, productrice à l'époque à France Culture. Ses messages se font pressants. Sans réponse de la part de l'écrivain, elle devient agressive. Ces épisodes d'érotomanie s'étendent sur sept longues années avant que sa maladie ne soit diagnostiquée. Aujourd'hui, après plusieurs mois d'hospitalisation, elle semble apaisée. La psychiatre lui a annoncé qu'elle ne pourra plus enseigner. Elle se lève et me propose de marcher un peu à ses côtés.

Pendant des mois, Irène a arpenté les allées du parc de l'hôpital. Plusieurs fois par jour, elle longe le vieux mur. Nous avançons entre deux pavillons puis passons derrière les unités Charcot et Tosquelles. Elle veut me faire découvrir son coin préféré. En le marchant le long du pavillon Parchappe dédié aux patients très âgés, elle me dit qu'un jour ou l'autre, tout le monde peut atterrir ici. « Pourquoi parle-t-on si peu de la maladie mentale ? me lance-t-elle. On fait comme si ça n'existait pas. Pourquoi ? » Irène a raison. Pourquoi la société s'acharne-t-elle à détourner le regard d'un continent fait de treize millions de Français atteints de troubles psychiques ? Nous arrivons dans un recoin de l'hôpital, à l'abri des regards, face à un bâtiment désaffecté. Au pied du grand kaki, elle a embrassé Oscar, un patient. Amour d'hôpital. Ces fruits lui rappellent le jardin de sa grand-mère. Elle aime croquer dedans, le jus explose. Tout en haut, inaccessible, il n'en reste qu'un. Elle a bien essayé de le faire tomber, mais il s'accroche à sa branche.

Ce merveilleux arbre peu touffu ployant sous la lourdeur de ses fruits rouge orangé est bien caché.

Le poète Thierry Metz l'avait peut-être déniché. Plusieurs kakis sont éclatés par terre. Les moineaux s'approchent pour picorer les graines. Je n'étais jamais venue jusqu'ici. Dans ce lieu désert, si calme, éloigné de tout. Demain, Irène quittera l'hôpital ; pour de bon, espère-t-elle.

Un homme fume une cigarette à l'entrée d'une grande bâtisse délabrée. La façade en pierre donne sur le parking d'Aldi. Il paraît qu'un prestataire de la vigne y loge des saisonniers marocains. Manou attend là depuis une demi-heure avec son chariot. Chaque soir à 20 heures, elle se poste ici pour récupérer les produits périmés que jettent les employés du magasin. Manou dit qu'à Cadillac, une majorité de personnes sont invalides, malades et pauvres. Atteinte d'un cancer depuis plusieurs mois, cette brindille blonde d'une cinquantaine d'années est une battante. Elle passe son temps à apporter de l'aide. Avec ce qu'elle récupère chez Aldi, elle se nourrit et redistribue des fruits, des légumes, de la viande et des produits de première nécessité.

Manou garde constamment un œil sur les camions qui débarquent sur le parking. Parfois ce sont des Roms, parfois des Tziganes. Pas toujours d'accord pour partager les poubelles. On négocie, la tension baisse d'un cran puis chacun repart avec un caddie plein. Manou a appris à faire sa place en milieu hostile depuis sa petite enfance. Sa mère était une prostituée. Élevée par des légionnaires qui l'ont recueillie et ont financé son éducation chez les bonnes sœurs en région parisienne, elle leur doit beaucoup. Certains d'entre eux vivent dans le coin, c'est le hasard de les avoir retrouvés ici. Ils sont amochés, alcooliques, dépressifs ; elle leur prépare des repas. Pendant des années, tout en élevant ses enfants, elle a fait tourner son entreprise de prestation dans la vigne, par tous les temps, exposée aux produits phytosanitaires. Le cancer, elle le sait, vient de là.

Je l'ai rencontrée un jour de marché sur la terrasse de la librairie Jeux de mots. Avec de larges rides sur son visage, des mains calleuses, des pieds nus, Manou respire la liberté et l'indépendance. Elle vit tout près de l'église, dans une pièce en location, mal isolée et peu lumineuse. À Cadillac, tout le monde la connaît. En repartant d'Aldi, nous marchons dans la pénombre des rues. Je lui demande si vivre dans une ville de fous lui fait peur. À vrai dire, elle n'y a jamais pensé. Elle sait que l'hôpital est à côté. Elle connaît des patients. Elle en aide certains. Nous croisons un homme au pas pressé. Elle l'alpague pour lui demander si sa femme est rentrée de Paris ; elle a gardé du lait pour les petits. Les mains dans les poches, l'homme répond que sa compagne reviendra bientôt. Cette famille a débarqué à Cadillac sans un sou et occupe un appartement insalubre. Le père ne travaille pas. Il boit et joue aux jeux. Les enfants servent à faire augmenter les allocations. Ils ne sont pas scolarisés. Manou hausse les épaules. Elle ne juge pas.

Elle s'empresse d'aller cuisiner les légumes et la viande pour ensuite porter quelques repas à la mère Michèle. La mère Michèle ? Elle est surprise que je ne connaisse pas encore la mascotte de Cadillac et son petit chien. Elle a les cheveux blond platine, fait de minuscules pas en marchant, porte des robes larges pour pouvoir uriner et déféquer quand ça lui chante. D'ailleurs, Intermarché lui a interdit l'accès. L'inframonde continue à se dévoiler lentement. Manou en fait partie. La carte subjective de la ville devient de plus en plus nette. Je m'y oriente chaque jour un peu mieux. À Cadillac, une société parallèle s'est développée à bas bruit dans laquelle la folie circule à son aise, détachée des apparences, du qu'en-dira-t-on et des jugements de valeur.

J'entre dans son petit studio, au fond d'un couloir, dans un immeuble délabré du centre. Une petite fenêtre sur cour n'apporte guère de lumière naturelle. Elle me présente à Anthony, son compagnon. Un ancien légionnaire. Il parle peu, boit pas mal. C'est un écorché vif. Il travaille parfois dans la rénovation. Dans la petite cuisine, Manou déballe du foie gras, de la viande et des blinis. Elle n'en revient pas que tous ces produits de luxe partent à la poubelle. Le frigo déborde de légumes frais. Anthony me raconte ses années sous une fausse identité à faire le sale boulot pendant les guerres menées par la France, dans les pays de l'Est ou en Afrique. Des cauchemars le hantent encore aujourd'hui. On ne se défait pas impunément de vingt ans de barbouzeries. Abîmé comme Polo, un autre légionnaire qui nous rejoint pour dîner. Originaires de Cadillac, ils conservent une mémoire de ces années sans psychotropes où les plâtriers, vignerons, ramoneurs ou maraîchers du coin étaient payés la nuit pour boxer les fadas. Aujourd'hui, la ville est aux mains de six ou sept riches familles qui investissent dans le bâti et se gavent en louant des appartements aux patients de l'hôpital. « Non, ma petite dame, à Cadillac, faut pas croire, il y a plus de cons que de fous ! Et ce gendarme, tu te souviens Anthony, qui avait vrillé dans sa tête. Il avait balancé sa femme par la fenêtre. Il a fini ses jours à l'hôpital de Cadillac. » Et Polo de poursuivre : « Sauf qu'à l'époque, les patients avaient un tas d'occupations, C'était formidable, tous ces objets qu'ils fabriquaient. »

Je leur demande s'ils sont gênés par la présence des malades dans la ville. « Et pourquoi on serait mal à l'aise avec les fous ! s'exclament-ils. Personne n'est à l'abri de le devenir. Il suffit d'un chagrin d'amour. » Un troisième compère arrive. Il débauche du boulot en gilet orange. « Vous parlez de l'hôpital ? Ah ben moi, j'ai un ancêtre qui fut un grand médecin à Cadillac, spécialiste du cancer du rectum. » Tous s'esclaffent. « C'est véridique », se défend-il, en montrant l'image d'un manuscrit sur son téléphone. Il a été interne à l'asile psychiatrique à la fin du XIXe siècle et a publié les premières études pour la fabrication d'un anus artificiel. Manou me jette un regard complice en levant les yeux au ciel. Avec un bon crémant sur la table, nous dégustons d'excellents toasts venus tout droit des ordures. La mémoire de la ville est bien gardée.

La mère Michèle, c'est son surnom, entre dans un institut de beauté de la rue de l'Œuille. Elle voudrait se faire les ongles. L'esthéticienne lui demande quel genre. Des faux ongles, ce sera 45 euros tout compris, le dessin et les strass.

– Vous n'êtes pas d'origine française ? Vous avez un air slave, la coupe Michèle.

Interloquée, la jeune femme répond qu'elle est bien française.

– Vous êtes jolie.

La commerçante sourit, gênée.

– Je suis sous curatelle renforcée, je vais voir si je peux prendre rendez-vous. Une excellente journée à vous.

Et elle ressort. À chaque magasin, elle interpelle, elle salue, elle s'enquiert du mari, de l'enfant, du cousin et du chien.

Cheveux courts, blonde platine, voix rauque de grande fumeuse, Michèle déambule dans Cadillac comme une baronne déchue. Vestige, peut-être, de ses origines juives russes par son père, importateur de prêt-à-porter, et autrichiennes par sa mère, vendeuse et médium à ses heures. Une fois, une couseuse a confié à la mère de Michèle, Josepha, qu'elle avait rencontré un homme riche et gentil, qui la couvrait de cadeaux. Josepha lui a conseillé de le quitter. Quelques semaines plus tard, l'homme riche a tué la couturière à coups de carabine en plein Paris.

Un chien aboie derrière la porte d'une maison. Michèle s'arrête et répond :

– Ouaf, ouaf, ouaf.

Le chien jappe. La communication passe. Elle piétine avec ses lourds chaussons en peau de mouton que sa fille lui a fait envoyer par Amazon. Dans sa robe courte à fleurs, le vent glacé la fait frissonner. « Comment peut-on faire du mal aux animaux ? se lamente-t-elle. On les tape. On les fait souffrir. »

Michèle hébergeait quinze chats dans son deux-pièces. À cause de ça et de l'alcool, elle a été internée par sa fille à l'hôpital psychiatrique de Cadillac.

Sept mois à l'unité Charcot. Les chats, eux, ont été envoyés à la SPA, puis en famille d'accueil. Elle n'est pas d'accord, Michèle. Elle dit que, sur la Torah, soit la SPA lui rend ses chats, soit elle y va avec un revolver ou une mitraillette pour les dégommer. À Charcot, Thierry Metz en aurait écrit un poème. Michèle appelle souvent les soignants pour prendre des nouvelles. Mathieu, Jean-Michel, Dorian, Émeline, Mounia, Gaël, Maxime.

– Comment allez-vous ma petite Michèle? me disent-ils. Je les adore. Et je suis aimée ici.

C'est peut-être ça les liens indéfectibles. D'abord on s'attache aux gens, ensuite aux lieux.

Elle me tire par le bras pour aller retirer de l'argent. On traverse la halle de la mairie. Elle cherche son briquet. Me demande si je fume. Non, jamais. Puis elle est intriguée par mes origines mexicaines. Je ne lui en ai rien dit. Elle sait tout de moi pourtant. Depuis quinze ans elle vit à Cadillac, avec sa dégaine, sa liberté de déféquer et d'uriner quand l'envie lui prend. Tout le monde sait qu'elle ne porte pas de culotte et elle s'en fout. À la banque, une jeune maman tient sa fillette par les mains. Michèle se penche vers elle et babille. Comment s'appelle cette petite souris ? Comme elle est jolie ! L'arrière-grand-mère les accompagne. Michèle veut connaître son âge. La vieille dame refuse, coquette. Et comme à chaque rencontre, Michèle lance d'un ton délicieux :

– Une excellente journée à vous, mesdames.

En chemin vers le tabac, Michèle laisse échapper des flatulences. Je fais comme si de rien n'était. On entre dans le tabac. La mère Michèle salue Marie-Ève, la jeune femme à la béquille, excessivement agitée, son bouledogue à ses pieds. Je la connais maintenant, Marie-Ève. Elle parle fort car elle doit s'acheter en urgence une montre. Si le téléphone tombe et se casse, boum, comment pourra-t-elle lire l'heure. Hein ? Je lui suggère Intermarché, un peu moins cher. Elle pince sa bouche en me montrant sa béquille. Impossible de marcher jusque là-bas et puis ce n'est pas tout, elle marmonne :

– Intermarché, il faut pas y aller, ça pue des pieds, il y a les pompiers, ils enlèvent pas l'eau et tu glisses par terre. Tu tombes sur la tête. Bravo.

Les employées du tabac observent la scène, pas vraiment surprises. C'est leur lot quotidien. Au tabac, le ballet des originaux est continuel. Un mélange des genres éphémère. Elles attendent que la tornade passe. Je ne comprends toujours pas comment pareil assemblage finit par se réguler. Le déséquilibre s'accommode. Cadillac ne tient qu'à un fil. Mais ça tient.

On sort. On fait le tour de la mairie. Michèle pousse la porte d'un commerce. Elle bombarde la coiffeuse de questions. À quelle heure ira-t-elle chercher sa fille à la crèche et quelle est la race du nouveau chien qu'elle a acheté ? La coiffeuse me jette un regard amusé. Elle répond que c'est un chien avec les oreilles qui tombent. Satisfaite, Michèle continue son chemin. Devant la boutique du Secours catholique, face aux remparts, des bénévoles s'affairent autour de sacs de vêtements. Michèle s'avance et lance à l'une d'elles :

– Haut les mains peau de lapin, la saucisse est dans son bain.

Folie douce.

– Écoute bien, poursuit-elle, pour attirer mon attention sur les métiers de sa vie bien remplie : archiviste, comptable, vendeuse, agent de piscine, femme de ménage. Tout ça, je suppose, avant la dépression et l'alcoolisme, dont elle parle peu. Elle dit juste qu'un infirmier de ville vient lui porter tous les matins des médicaments pour l'angoisse.

– Bonjour madaaaaaame, dit-elle en l'imitant avec une terrible grimace. Et tu sais qui les mange ? Les toilettes ! Angoissée, angoissée… Est-ce que j'ai une gueule d'angoissée ?! Allez vous faire foutre avec vos médicaments.

Avec l'Arletty de Cadillac, nous quittons la rue de l'Œuille pour Aldi. Soudain, elle s'arrête :

– Sylvie, elle va s'en sortir ou pas ? C'est malheureux. Il paraît qu'elle a perdu ses cheveux ?

Sylvie, la poétesse, dont j'ai retrouvé le recueil publié à 17 ans. Depuis qu'elle a quitté son appartement pour soigner son cancer à Bordeaux, on parle beaucoup d'elle. Bien sûr, la mère Michèle et Sylvie se connaissent. De la boutique de fripes à Aldi. De la librairie Jeux de mots au tabac. De la laverie à la supérette. C'est petit, rassurant et on y croise toujours les mêmes têtes. Quand l'une d'elles s'en va, ça fait un vide.

« La vie ne fait pas de cadeaux », répète Michèle comme un leitmotiv. Une partie de sa famille a été exterminée dans les camps de concentration. Une grand-mère, des oncles, des tantes, des cousins, des bébés. Je ne saurai rien de sa maladie. Comment ou pourquoi elle s'est déclenchée. Je sais qu'elle a trouvé un cocon ici, même si les gens de Cadillac, peste-t-elle, sont méchants, égoïstes, malpolis, insolents. Et des adjectifs, elle en a encore quelques-uns en réserve. Elle veut savoir où je loge, si c'est joli, moderne et propre. Je la rassure. Et sinon, est-ce que je mange des légumes, du poisson et de la viande? Suis-je gourmande?

– Tu t'en vas dans combien de jours? Tu pars comment? En train? Tu vis dans une belle maison? Et ton mari, il est gentil? Tu as des enfants?

Elle veut tout savoir. Absolument tout. On se ressemble avec Michèle. Aussi curieuse l'une que l'autre.

À Aldi, nous faisons nos courses. J'achète des nouilles chinoises déshydratées et deux cookies. Elle, une bouteille de vin rouge. Avec les cigarettes, il ne lui reste plus grand-chose pour manger. Avant, sa curatrice lui donnait 20 euros par semaine. « Infâme », elle ajoute. Heureusement que sa fille veille. De la mère Michèle, j'ai entendu dire à Cadillac qu'elle a plus d'un tour pour se faire des sous. Chaque samedi matin, jour de marché, elle se poste à proximité des stands et elle met le bazar. Excédés, les marchands finissent par lui glisser un billet pour la faire partir. Nous engloutissons un cookie chacune.

Je la raccompagne dans son deux-pièces cuisine. Dénué de tout. Une table et un grand écran de télévision posé dessus. Deux chambres, un lit chacun. Un trou dans le sol colmaté par des planches en bois. Son chien Milou aboie. Je fais la connaissance de Julien, un homme maigre et doux, la quarantaine, viré de chez sa mère et qui a trouvé refuge chez Michèle. Sinon, il dormait sous les ponts.

– Pourquoi tu manges pas avec nous ? me lance Michèle d'un ton autoritaire.

Julien observe Michèle. Il lui demande ce qu'elle a encore volé. D'un sourire espiègle, elle sort lentement de la poche de son chandail un avocat.

Je m'assois à une des tables en bois de pique-nique disposées dans la cour de l'unité Broca. Pour voir si, comme dans le parc, la magie du banc opère. Habillée en survêtement floqué du logo de l'hôpital, une jeune femme amaigrie, coupe garçonne, se poste face à moi. Elle plante ses yeux dans les miens. Elle est arrivée à l'hôpital attachée, en pleine crise, à l'unité court séjour, le bâtiment tout neuf. Elle n'a plus la notion du temps. Les journées s'écoulent, toujours les mêmes. Elle est ici parce que le bonheur lui fait péter les plombs. Elle avait tout : l'appartement, l'indépendance. Et il a fallu que sa maladie gâche tout. Comme à chaque fois.

Ce n'est pas moi qui décide du tour que prendra la conversation. Les patients se ruent dans leur récit. Amélie parle de la contention en experte. Le premier quart d'heure de la crise, décrit-elle, il y a bataille. Elle hurle. On lui tombe dessus à cinq ou six. Inutile de résister. Elle ne songe plus qu'à une chose : s'évader. Elle parvient à détacher les mains des sangles. Elle en saigne presque. Les pieds, impossible. Elle se hisse, droite comme un piquet. Les infirmières arrivent, affolées. Amélie a le goût du jeu. Il ne lui reste que cela. Elle sait qu'elle perdra. Mais elle continue. Elle appelle pour uriner dans une bassine. Quatre infirmières autour d'elle, à attendre, que l'envie vienne. Son corps crispé se bloque. Après seulement, seule, elle se fait dessus.

Contenir, enfermer et observer le patient. Pendant ce temps, le patient observe les infirmiers. La bipolarité n'a pas aboli le discernement. Amélie dénonce des pauses des soignants en pagaille, sans nier, lucide, le manque d'effectif. Au milieu de notre conversation, un jeune patient nous rejoint. Amélie le connaît. Il explique qu'il est Spiderman. Il porte un tatouage en forme d'araignée au niveau du poignet. Il dit que l'araignée est radioactive. Quand il se fait mal, il se régénère de ses blessures. Quand il s'envole, la toile sort de sa peau. Il me demande si j'ai des enfants. Je réponds que j'ai un petit garçon de 7 ans.

– Et qu'est-ce que tu ferais si je le collais au mur et que je le dégommais ? me questionne-t-il comme pour me provoquer.

Je ne réagis pas.

Amélie s'en amuse. Elle veut savoir pourquoi je suis là. Je dis que je m'intéresse aux liens des patients avec la psychiatrie. Elle m'interrompt et corrige :

– Ah, mais ce n'est pas nous qui avons un lien avec elle. C'est la psychiatrie qui a un lien avec nous !

– Je fais partie des fauves qu'il faut endormir pour protéger la société, assène-t-elle. À l'hôpital, ce qui est malheureux, c'est qu'on ne nous laisse pas exprimer nos émotions. Les soignants nous blâment. Ils n'ont pas le temps. Leur stress nous éclabousse. La tension s'éparpille. Ils ne nous expliquent pas toujours pourquoi ils nous enferment. Quand ils ont le temps, ils nous écoutent mais parfois c'est trop tard.

Elle jette un regard vers l'unité Pinel en ironisant sur l'état des chambres, des cages à poules. Pas faux. C'est une des dernières unités à ne pas avoir été rénovée depuis des décennies. Amélie a commencé à peindre avec du fil de laine trempé dans la gouache. Quelques heures par semaine. Elle s'est découvert une nécessité dans le geste. À l'hôpital, il y a de tout. Du bon et du mauvais. De la violence et de la douceur. Les médicaments, des pansements pour shooter. La chambre d'isolement, une cage dorée.

De loin, des soignants de Broca me scrutent. Qu'importe, j'écoute, je tisse, je m'immisce. Un patient, un monde singulier. Amélie n'est dupe de rien. Soudain, sa paranoïa s'invite. Persuadée que nous sommes sur écoute, elle chuchote en se penchant vers moi : « On nous cache tout. On croit être libre, on ne l'est pas. Des capteurs invisibles entendent notre conversation. Les hommes détruisent ce qu'il reste de cette planète. » Sa lucidité revient. « La terre nous fait vivre. Mais tout le monde s'en fout. »

Trois mois plus tard, Amélie sort de l'hôpital. Elle retrouve son appartement. Je reçois un message d'elle sans autre commentaire que sa prose.

« Je reste dans ma vie
truculente

Je ne suis pas succulente
Je laisse des a priori
pourtant j'essaie d'être polie
Je deviens céleste je me manifeste
Pour devenir un ange
Les démons, je les mange
Finie la vie insipide
Je prends le revers speed
Sans acide sans drogue
Austère
Je prends bien mes médicaments
Drogues ordonnance
Je suis sortie du bagne
Heureuse d'y être réchappée
L'enfer est derrière moi
Je promets d'être heureuse
Envers et contre tout
Tu m'as sanglée
Tu as voulu me couper de ma liberté
J'y ai survécu
Je me sens enfin libre
Et mes derniers mots sont pour vous
Je vous emmerde »

Il est 19 heures. La nuit tombe sur Cadillac. Les derniers clients du café-librairie paient leur consommation. Christophe range les tables et les chaises de la terrasse à l'intérieur. Toute la faune de cette ville se retrouve dans cette boutique rectangulaire. La seule qui bat au rythme déréglé de la folie. Les patients de la ville et de l'hôpital y accourent. Yacine a ses habitudes. Le petit café chaque matin à 10 heures, qu'il pleuve, qu'il vente ou qu'il neige, sur la terrasse. Marie-Ève, son bouledogue et son sirop de pêche. Jean-Claude, ses lunettes noires, ses cheveux poivre et sel, sa loquacité, ses réseaux sociaux et son lait-fraise. Bernard, son imperméable, son journal et son café crème. Ludovic, ses yeux cernés et son petit chocolat chaud. Walter, ses cannes, son visage un peu triste et son thé. Guillaume, sa longue silhouette, son regard perdu et son Coca. Françoise, sa grande gueule, son petit chien et son amour des livres. Viviane, sa casquette, sa banane autour de la taille avec ses peluches, ses mots rares et son café. Sylvie, son look déjanté, ses cheveux noirs et sa passion pour la littérature. Manou, ses pieds nus, son visage buriné, ses mains craquelées, sa bonté et son Perrier. Ghislaine et Astrid, les employées de la librairie, imperturbables, attentives aux lubies de toutes sortes.

Au milieu des livres, des pierres magnétiques, de l'encens, des cartes, des arômes de thé et de café, entre les tables serrées, entre les présentoirs, entre les livres pour enfants, les ouvrages de sciences, les romans policiers, les récits d'aventures, l'histoire, la littérature française, circule une humanité palpitante, atone, joyeuse, offensée, euphorique, meurtrie, esquintée. Pas la peine d'essayer de distinguer le normal du pathologique, le vrai du faux, le malade du sain. Que ceux qui sont indisposés par cette cour des miracles passent leur chemin.

Christophe a les traits tirés. Cet enfant de Cadillac, fils d'une secrétaire médicale à l'UMD, a trouvé sa vocation de libraire tardivement. Un jour, allongé sur le sable face à la mer, Christophe a une vision. Lui debout, les bras croisés, devant une librairie, et un panneau bleu Jeux de mots. Sans aucune formation, sans connaissances du milieu, sans diplômes, il l'a ouverte. D'abord, avec son propre fonds, dans l'ancienne bijouterie. On l'a découragé, maintes fois. Qui voudrait d'une librairie à Cadillac ? Pendant trois ans, peu franchissent le pas de sa porte. Jusqu'à ce qu'un jour de marché, il s'aperçoive que les clients nombreux forment une file jusqu'au trottoir. Il est temps de s'agrandir. Il finit par s'installer face à la mairie.

Sa vie à lui est faite de ces journées inouïes, aussi intenses qu'un condensé d'impromptus, de dialogues et de situations que le meilleur des scénaristes serait incapable d'inventer. Quand il ouvre sa vitrine, il ouvre le rideau d'un théâtre. La vague déferle. Jusqu'au soir, rideau tiré, la vague retombe. Christophe aussi retombe. Les comptes, les stocks, les commandes. Enfin, il s'assoit au milieu de la boutique, sur une chaise, en pensant à ces centaines de mots prononcés, aux regards, aux esseulés qui viennent trouver chez lui du réconfort.

La librairie est comme ces nefs des fous, les *Narrenschiff*, des bateaux dans lesquels voguait une cargaison de malades d'un port à l'autre. Des départs forcés, comme pour des esclaves. Pendant la première moitié du xve siècle, on dénombre à Nuremberg vingt et un départs obligatoires. Un homme qui court nu. Une femme qui rit seule. Un criminel fou. Tous chassés, poussés sur les flots. Mais il y a aussi ces autres nefs, un siècle plus tard, un genre littéraire sur le thème du voyage initiatique, où des héros imaginaires embarquent en quête de leur destin.

Nous sommes coincés, Christophe et moi, entre les chaises empilées, les tables pliées et les livres. Je lui demande si tout cela n'est pas un peu trop lourd, à force. « C'est trop, oui, bien sûr », rétorque-t-il. Mais il ne peut plus s'en passer. Les patients parfois lui déballent tout. Il écoute, il acquiesce et il sourit, toujours. Parce qu'il pense être là où il doit être. C'est un monde en soi, fait de relations sincères. D'aucuns parlent trop, trop vite, trop fort. Mais la vie circule entre les rayons, se fraye un chemin, rebondit, se redistribue. Il me questionne sur mon père, sur ce qu'il pense de ce livre que je suis en train d'écrire. J'aurais rêvé de lui répondre que je lui parle au téléphone très souvent pour discuter de la maladie, de l'histoire de la psychiatrie, de la sensibilité à la folie. Mais non. Je réponds qu'il est mort. Christophe est désolé.

Les fors intérieurs sont aussi vastes que les grands espaces, aussi intrigants et redoutés que les pôles, les déserts, les canyons ou les forêts. Mon père adorait flâner dans les librairies. Il dépensait des sommes astronomiques pour l'achat de livres anciens d'histoire de la médecine. Il aimait tout particulièrement ces schémas dessinés à la pointe d'une plume, qui représentaient le corps humain, les organes, les cellules, les plantes, les microbes, les insectes. Il me disait : « Regarde ça, c'est de toute beauté. » Je ne partageais pas toujours son enthousiasme. Cette nuit-là, je rêve que j'essaie d'appeler mon père mais je ne trouve pas son numéro. Je cherche à la lettre P pour Papa. Il n'apparaît pas. Je cherche ensuite le M de maman. Il n'apparaît pas non plus. Affolée, je me réveille en sursaut. Jamais je ne me suis autant confrontée à mes angoisses les plus profondes qu'ici, à Cadillac.

Dans la nuit précédant mon arrivée, le 22 janvier 2023, une partie du mur de l'hôpital s'est écroulée sur la chaussée. Au petit matin, branle-bas de combat. Tout doit être sécurisé. Les patients sont confinés dans les unités jusqu'à nouvel ordre. Dès le début de mon immersion, j'avais enregistré sur mon téléphone une alerte pour « Cadillac ». Jusqu'ici, je recevais des articles sur les performances de la fameuse marque de voiture américaine. Cette fois, les notifications pleuvent sans discontinuer. Tous les médias locaux sont sur l'affaire. L'article de *Sud-Ouest* prévient que l'établissement est sécurisé pour empêcher les patients de sortir. Interrogé par les journalistes de France Bleu Gironde, le directeur général des établissements hospitaliers du Sud Gironde, Patrick Faugerolas, n'a pas d'autre choix que de rassurer : « Le mur effondré n'est pas situé à proximité des unités les plus sensibles de l'hôpital de Cadillac : l'unité pénitentiaire et l'unité pour malades difficiles. » Il faut tranquilliser les citoyens. Une horde de fous ne va pas s'engouffrer à travers les gravats de moellons.

J'entre dans l'hôpital. Une soignante ironise sur le symbole du mur écroulé. L'effondrement de la psychiatrie ? Il était temps que tout le monde s'en rende compte. Puis, dans l'une des allées, une grappe de patients, accompagnés par plusieurs infirmiers, sortent par la porte principale pour profiter de leur permission à Cadillac. De l'intérieur de l'hôpital, l'éboulement du mur est indécelable, occulté par le bâtiment de la blanchisserie. Je marche en direction de ce gros bloc rectangulaire gris en tôle. Je le contourne et découvre l'ampleur du désastre. Des ouvriers s'affairent pour ériger deux grillages transversaux en fer en attendant la reconstruction du mur en pierre. Je m'approche du chantier et ramasse un bout vieux de plus de deux cents ans. La psychiatrie s'écroule littéralement. Je le constate depuis plusieurs mois à Cadillac. Le soin ne tient plus qu'à un fil. Les psychiatres, si peu nombreux, officient à la chaîne. Il manque près de trente postes d'infirmiers. Les patients se sentent maltraités par les soignants, eux-mêmes se considérant malmenés par l'institution psychiatrique. Hormis la Maison des usagers et les séances d'ergothérapie, les heures et les jours s'écoulent dans la répétition et l'ennui qui, pour certains patients, accentuent le malaise psychique. « Je ne sais plus, m'avait dit une jeune patiente schizophrène, si c'est la maladie ou l'enfermement qui sont en train de me rendre dingue. »

En marchant vers la Maison des usagers, j'ai repensé à ma rencontre, l'été dernier, avec Serge Bédère, psychologue de l'hôpital aujourd'hui à la retraite et psychanalyste. Nous nous étions assis sur un banc en pierre. Il m'avait narré l'histoire du lapinodrôme. Pendant une journée, les patients ainsi que des soignants, des agents administratifs, avaient assisté à des courses de lapins domestiques. Ça n'avait l'air de rien, mais certains patients s'étaient souvenus de leur enfance dans le cadre des kermesses de leur école. Ce psychologue avait pris le parti de l'invention. Soudain, un interstice s'ouvrait et la parole advenait, aussi décousue ou lointaine qu'elle paraisse.

Dans l'enthousiasme de son récit, Serge Bédère m'avait demandé si je connaissais l'asile de Saint-Alban-sur-Limagnole. Le psychiatre catalan François Tosquelles y avait révolutionné la place des malades dans les années 1940. En pleine guerre, pour éviter la famine qui guettait, et qui a décimé bon nombre de patients à Cadillac et ailleurs, il décide de proposer leurs bras aux paysans du coin en échange de légumes. Le reste relève d'une expérience hors norme qui a duré quelques décennies. Tosquelles met sur pied dans cette commune rurale de Lozère un carnaval, une course de voitures, des kermesses, des pièces de théâtre, des manifestations. Il invente les clubs thérapeutiques où soignants et soignés ont les mêmes droits à la parole et où les décisions se prennent collectivement. Un moyen de redonner au patient sa capacité d'agir, de s'organiser et de se responsabiliser. Dans le pavillon Tosquelles de Cadillac, une expérience similaire a été menée un temps par la volonté de quelques soignants novateurs. De là vient le nom de l'unité. Les mots et les actes concordaient. Aujourd'hui, des patients se plaignent de mauvais traitements. L'unité s'est refermée sur elle-même. Qu'aurait pensé Tosquelles d'une telle évolution ? Lui qui a théorisé la nécessité de fraterniser avec le malade : « Moi, la psychiatrie, je l'appelle la déconniatrie. Mais, pendant que le patient déconne, qu'est-ce que je fais ? Dans le silence ou en intervenant – mais surtout dans le silence –, je déconne à mon tour. » Moi qui ai fraternisé avec les patients, avec mon seul désir d'être parmi eux, j'ai choqué certains soignants. Avec les malades, nous nous sommes tenus chaud des heures durant. Nous nous sommes enlacés, nous avons chanté, nous avons dansé, nous nous sommes écoutés. J'ai sangloté. L'un d'eux m'a consolée. La psychiatrie possède une vieille histoire. Les premiers hôpitaux pour fous, entre le VIIe siècle et le XIIe siècle dans le monde arabe, accueillaient les malades de la plus belle des manières. On y pratiquait une cure de l'âme à l'aide de la musique, de la danse, de spectacles et d'audition de récits merveilleux. L'art pour guérir. On n'invente jamais rien. La folie est vieille comme le monde.

Combien faut-il de chemins de traverse pour que les mots remplacent pas à pas des torrents de colère ? Combien de doses d'inventivité pour contourner la maladie et la surprendre ? « Un café ou quelques palettes pour faire des cabanons éphémères, ça ne coûte rien », me dit Serge Bédère, le psychologue à la retraite. Il n'en démordra pas, en psychiatrie, le manque de moyens est l'arbre qui cache la forêt. Pour lui, la vraie question, c'est le désir de travail. « Les soignants se retranchent derrière leur fonction », ose-t-il. Son discours, loin d'être consensuel, court-circuite la structure hiérarchique et normative d'un hôpital psychiatrique classique. Un lapinodrôme, un karaoké, un cours de Zumba, une balade en calèche, un petit café. Un peu d'écoute, d'empathie et de fraternité. Au fond, les patients ne demandent pas la lune.

Ici, j'ai découvert un continent peuplé d'âmes errantes et délaissées. Elles empruntent parfois les chemins les plus tortueux, les plus épineux, les plus douloureux parce qu'elles ne savent pas faire autrement, ces âmes-là. Parce que, bien souvent, le milieu dans lequel elles ont grandi les a abîmés. L'enfance, ce temps précieux qui fonde un être humain, qui lui donne le bon tempo pour croître, qui lui apporte la sécurité et l'affection nécessaires pour le reste de sa vie. Tant de patients m'ont conté des enfances violentées par un entourage malveillant ou lui-même brisé, dans l'incapacité de porter d'autres vies que la sienne.

Dans la voiture, Françoise fume une roulée en agitant ses bras. Nous allons à la clinique Haut-Lévêque de Cenon rendre visite à Sylvie, en chimiothérapie. Les deux femmes se fréquentent depuis une quinzaine d'années. Elles partagent un goût immodéré pour la littérature, la même psychiatre et la même curatrice, une conseillère désignée pour les assister dans la gestion de leurs biens. C'est la première fois que je m'aventure hors de Cadillac pour quelques heures. J'ai la sensation de franchir une frontière invisible.

Françoise est une femme volubile, ouverte, politisée. Elle a fait des études de journalisme et mené une vie heureuse, autant qu'on peut l'être, jusqu'au jour où son mari l'a quittée. Avec son accent du Sud-Ouest,

Françoise secoue la tête en assurant que les bipolaires sont de grandes amoureuses. Avec une grand-mère folle, un frère handicapé par un accident de voiture et une mère atteinte de la maladie de Charcot, elle savait au fond d'elle-même qu'un jour ou l'autre, elle finirait par « tournepiquer ». Le cerveau des bipolaires tourne à mille à l'heure. Cet état si particulier que le philosophe Nietzsche appelait les « ivresses », que l'écrivain portugais Pessoa, qui souffrait de ne pas se sentir « être », avait baptisé les « crises d'abondance ».

Nous roulons au milieu des vignes les fenêtres ouvertes. Françoise se souvient de ses crises, incapable de finir ses phrases, cirant le parquet sans raison. Hospitalisation. Elle égrène les remèdes : Dépamide, lithium, somnifères, Effexor, citalopram. Dans son exubérance et avec son timbre de voix tonitruant, Françoise paraît un roc, pourtant. Soudain, elle tourne la tête vers moi et s'enquiert de savoir si je ne crains pas d'être conduite par une malade psychiatrique.

Sylvie est enfoncée, minuscule, dans un lit médicalisé. La chambre est moderne et feutrée. Un turban couleur crème couvre sa tête. Je ne reconnais pas celle que j'ai côtoyée à Cadillac, ses cheveux noir ébène en bataille, ses habits colorés, la clope au bec. Je suis face à un être fragile, pétri de douleurs. Elle sourit, tout de même. À peine arrivée, Françoise déballe de son cabas des romans, un *Petit Robert*, une trousse de toilette. Sylvie demande des nouvelles de Cadillac, Edmond, Joël, la mère Michèle, Sam, Manou. Ce monde étrange qui tourne à sa propre allure, devenu pour moi si familier. Sylvie s'est remise à lire. Elle m'offre un livre de Delphine de Vigan : *Rien ne s'oppose à la nuit*. Le même dont Justine m'a parlé à la Maison des usagers. L'écrivaine raconte la bipolarité puis le suicide de sa mère. Cette histoire fait écho chez Sylvie, dont la mère dépressive a conditionné une bonne partie de son rapport au monde. Devenue mère à son tour, Sylvie s'est fait dévorer par ses addictions et sa schizophrénie, dans l'impossibilité d'élever sa seule fille. Comme si la folie, ce châtiment des dieux grecs infligé aux hommes pour les punir de leur démesure, s'était transmise de mère en fille. Comme si le sort ne parvenait pas à être brisé. Quoique. La fille de Sylvie a repris contact il y a peu. Elle lui a dit « je t'aime ». Trois mots que Sylvie n'espérait plus. De l'amour à point nommé, au moment où « la grande salope », comme elle se plaît à insulter son cancer, l'a singulièrement rappelée à la vie.

C'est un grand jour. Après plusieurs mois à Cadillac, j'ai obtenu l'autorisation d'entrer dans l'unité pour malades difficiles (UMD), la cité interdite. Celle qui enferme et surveille les patients les plus dangereux pour eux-mêmes et pour la société. Sur le côté droit, le cimetière des Oubliés, où les corps de quatre mille malades psychiatriques ont été enterrés tout au long du xxe siècle. L'UMD de Cadillac, l'une des dix de France, s'étend sur trois hectares, à l'extérieur des remparts. Les murs gris, hauts de plusieurs mètres, munis de barbelés anti-escalade au sommet, font face à la gendarmerie. Derrière une large vitre teintée, les gardiens du temple de la folie furieuse. Je sonne. Un déclic. La porte blindée aux trois grandes lettres noires, UMD, se débloque. J'entre dans un couloir à ciel ouvert. Je décline mon identité. Au bout, un tourniquet de sécurité. Une cadre de santé vient à ma rencontre. À partir de ce moment-là, je ne serai plus jamais seule.

Depuis la cour, cinq bâtiments en forme de L, portant les noms de célèbres psychiatres : Claude, Ey, Moreau, Minkowski et Clérambault. Le dernier est invisible depuis l'entrée, dissimulé par les autres, tout au fond du terrain. Seule une dizaine de malades y sont internés, hospitalisés d'office, les plus violents, imprévisibles, chimio-résistants, dont le traitement médical ne suffit pas à neutraliser l'impulsivité. L'un d'eux vit là depuis plus de vingt-cinq ans. Ceux-là, je ne les verrai pas. Dans cette cour dépouillée, le silence et l'absence. Aucun patient ne se déplace sans être encadré. Chaque fait et geste tombe sous le regard d'un soignant. C'est la règle pour les quatre-vingts hommes venus de toute la France, outre-mer compris, qui vivent ici.

Je me suis longtemps demandé ce qu'on accepterait de me montrer. Si j'aurais le droit de parler aux patients, si on me laisserait approcher Romain Dupuy, le tristement célèbre meurtrier de deux infirmières à Pau, enfermé depuis dix-huit ans. Je redoute les empêchements, nullement les rencontres.

On m'a accordé une demi-journée. Je pénètre dans le pavillon Henri Ey, dix-neuf malades pour cinq soignants. Le long d'étroits couloirs se succèdent des bureaux : ceux de la secrétaire, de la psychologue, du cadre. J'entre dans la salle de repos des soignants. Puis dans un espace vitré fermé à clé. Un mirador duquel on peut observer les patients déambuler dans la cour, le réfectoire et le petit salon en arc de cercle rempli de fauteuils. J'ai le sentiment de me rapprocher, peu à peu, du cœur d'un réacteur nucléaire. L'infirmière chargée de me chaperonner pose sur moi un regard inquiet. Elle me prévient gentiment que l'équipe est à cran parce qu'un collègue a été frappé la semaine dernière par un patient. Dans un délire de persécution, le prenant pour un autre, le malade lui a assené deux coups de poing. Elle me scrute encore. Elle dit que la présence d'une jolie femme inconnue va poser problème, je risque d'attirer l'attention. Elle me tend une blouse et me demande de l'enfiler.

Brusquement, un infirmier survolté déboule dans ce bocal vitré. L'infirmière me présente. L'homme se fige, ne répond pas, ne me regarde pas. Elle insiste un peu. Il explose et hurle en me bombardant de questions. Qui je suis ? Ai-je au moins une carte de presse ? Pour qui je travaille ? Qu'est-ce que je suis venue chercher ? Du sensationnel bien sûr, comme les autres ? Puisqu'il n'a pas été prévenu de ma présence, il fera donc comme si je n'existais pas. J'essaie quand même de répondre, calmement. J'ai une autorisation. Je ne suis pas rentrée par effraction... Les soignantes me lancent des regards furtifs. Comment un infirmier d'une telle rigidité, d'une telle violence rentrée, peut-il exercer son métier dans une unité à la réputation explosive ? De l'autre côté de la vitre, deux patients nous fixent sans bouger, les bras ballants. Joli spectacle inversé.

On me pose dans un coin. La séparation est nette. D'un côté, les malades. De l'autre, les soignantes. L'une d'elles, vêtue d'un pull rose, remplace l'infirmier en arrêt. Elle est assise à un bureau face au téléphone qui ne sonne pas. Il est 10 heures. Elle plaisante avec des membres de l'équipe.

Maintenant, quatre patients nous regardent, debout comme des bêtes curieuses. Je demande à franchir cette porte. L'infirmière, chargée de me suivre, accepte. Elle ouvre. On bascule dans ce monde qui provoque la hantise. Quelques hommes s'entassent dans un micro-salon. Aucune parole. Aucun son. Des figures immobiles. Ils attendent. Le temps ne passe jamais. D'autres déambulent et s'approchent de moi, intrigués.

Un homme roux, barbe taillée, la trentaine se poste devant moi. Matthieu a de la candeur dans le regard. L'infirmière hésite à me présenter. Je le fais, je suis écrivaine. Il esquisse un sourire : nouvelles ou romans ? J'explique mon immersion à l'hôpital de Cadillac, mes rencontres avec les patients. Il écarquille les yeux et dit que lui aussi a longuement écrit sur son expérience de la maladie. J'ai peu de temps. Je me sens tout aussi surveillée qu'eux. Matthieu parvient à me glisser qu'il a couché sur le papier sa schizophrénie, mais qu'il n'a jamais osé l'envoyer à un éditeur. « Trois cent cinquante pages », précise-t-il. Nous nous asseyons. « C'est une souffrance indicible, commence-t-il. Quand vous êtes jeune et que vous vous mettez à marcher nu dans la forêt en plein mois de mars, c'est très dur parce que ce n'est pas vous. Vous marchez à côté de vous-même. Vous n'êtes pas dans votre état normal, vous le sentez et pourtant vous le faites. »

Voilà cinq ans qu'il vit à l'UMD. Et puis, il ajoute que cette souffrance-là, seuls les patients sont à même de la raconter. Voilà pourquoi il a choisi de continuer à écrire. Inaudible, coincée dans les recoins d'un pavillon, leur singularité existe. Qui, pour faire rejaillir ce qui les habite, ce qui les fait rêver, ce qui les fait tenir ? Brutalement, au moment où il s'apprête à me poser une question, l'infirmière décide de couper les liens que nous venons de tisser, aussi savants et fragiles que les fils de soie d'une toile d'araignée. Elle pense que je devrais changer de place pour éviter d'avoir les patients dans le dos. C'en est fini. D'un revers de la main, en une fraction de seconde, la toile est détruite. Matthieu se lève. Un infirmier l'appelle pour sa séance d'électro-convulsivothérapie (ECT). Autrefois appelés électrochocs, ils sont aujourd'hui pratiqués avec des électrodes à la surface du cerveau, sous anesthésie générale.

Tout ce qui n'a pas été dit. Tout ce qui a été empêché. Je ne saurai jamais pourquoi Mathieu a été interné à l'UMD.

Tous les patients qui étaient assis ce matin à mon arrivée le sont toujours. Des personnages de cire, mutiques. Je tourne ma tête à droite : de l'autre côté des vitres, les soignantes discutent entre elles. Tout au fond du réfectoire, une cabine téléphonique, seul objet qui relie les malades au-dehors ; ils peuvent programmer des rendez-vous avec leurs proches. Un infirmier compose le numéro. Je demande s'il est possible de voir les chambres. Non, me répond l'infirmière. Les portes ont des hublots pour surveiller à l'intérieur. Les lits sont fixés au sol, des poignées pour les sangles de contention, une tablette au mur, un tabouret fixé au sol, des fenêtres qui s'entrouvrent de quelques centimètres par le bas, à peine un filet d'air. L'UMD est de ces forteresses qui servent à protéger la folie d'elle-même.

Je jette un œil dans la cour. Une infirmière allume la cigarette d'un patient. Un malade tourne sans fin autour d'un vieux filet de tennis mal tendu. Dans la salle télé, deux patients fixent l'écran. Au ping-pong, personne. Il est 11 heures. Pour les uns, l'heure de la sieste, pour d'autres, la prise des traitements. L'infirmier agité, celui qui ne veut pas me voir, arrive à grands pas. Il vient chercher sa collègue pour visiter un patient en chambre d'isolement dont ils disent qu'il n'a pas pris conscience de son acte. Elle me fait rentrer dans le bocal. Retour à la case départ.

Je m'assois sur une chaise. Je pense aux récits d'anciens soignants de l'UMD que j'ai rencontrés, qui en sont partis désarçonnés, et qui m'ont raconté ce bunker gangréné par un malaise interne, un huis clos néfaste. L'un d'eux ira jusqu'à parler de méthodes de soins concentrationnaires. Tous ceux qui s'aventurent dans la parole, l'action et finalement la fraternisation sont mal vus. Ne rien changer, ne rien expérimenter, ne rien impulser. Enfermer, contrôler, humilier même parfois, à l'abri des regards. Manger de bons plats devant le plateau servi aux malades. Déclencher l'alerte parce qu'un patient a mal posé sa fourchette. Raconter ses vacances de rêve devant des hommes qui vivent enfermés, condamnés à tourner dans une cour délabrée comme la reine Cassiopée, punie pour son orgueil et condamnée par les dieux grecs à tourner éternellement autour du Pôle, tête en bas.

Les soignants plus exposés au risque, ceux qui côtoient les humains dangereux, reçoivent une prime de risque mensuelle de 234 euros. Dans leur sillage, ils prennent aussi le risque de se déshumaniser et de déshumaniser l'autre. Michel Combret, cadre, a travaillé à l'UMD pendant vingt-trois ans. De cette longue expérience, il est sorti renforcé dans ses convictions mais aussi désabusé. Pas à cause des pathologies mais plutôt à cause de l'expression de la toute-puissance de certains infirmiers qui s'emploient à faire, dit-il, du dressage d'hommes. Un jour, il a vu un infirmier entrer dans une pièce, dire bonjour aux malades, s'arrêter et hurler sur un des patients: «Je n'ai pas entendu le "bonjour"!» Ces malades avalent des dizaines de cachets qui les abrutissent. Ce sont des zombies tenus par une camisole chimique.

J'écoute les infirmières disserter sur la grève contre la réforme des retraites. Puis commenter le comportement d'un patient. La remplaçante au pull rose n'a pas bougé d'un iota. Le téléphone ne sonne toujours pas. Une psychologue vient chercher un patient. Matthieu rentre de sa séance d'électrodes. J'aperçois de loin l'infirmier, monté sur ressorts, couper les ongles d'un patient. Il est bientôt midi. Une infirmière se décide à franchir la porte vitrée, pénètre dans le petit salon et s'assoit entre deux patients. On se croirait dans une garderie. Les hommes, ombres d'eux-mêmes, se lèvent lentement, les uns après les autres, en direction du réfectoire. Dociles, ils devancent les consignes. L'infirmière qui m'a accueillie me signifie qu'il est temps de partir. Je lui rends la blouse. Elle me raccompagne dans le bureau du cadre. Ce dernier me conduit jusqu'au tourniquet. Comme les patients, j'ai été canalisée. Ma parole et mes mouvements réduits au minimum.

J'ai une deuxième chance d'accès à l'UMD. Le service d'ergothérapie accepte ma présence à l'occasion d'ateliers thérapeutiques. À l'UMD, à tour de rôle, les patients bénéficient d'activités délivrées sur ordonnance. Aujourd'hui, il y a vannerie, poterie, visionnage d'un reportage, sport, peinture, décryptage d'un documentaire sur les éoliennes et jardinage. On me suggère le jardin. Je vois arriver un groupe. Je reconnais immédiatement Romain Dupuy, avec son large pantalon, ses dreadlocks et ses petites lunettes. Je le salue. Il me demande si je suis celle qui écrit un livre sur l'hôpital. J'acquiesce. Je comprends vite que l'équipe ne souhaite pas que j'assiste à la séance du groupe où se trouve Romain et m'éloigne de lui tout en douceur.

Un vent glacial souffle. J'enfile un manteau bleu à la matière rigide. Je flotte dedans. C'est pour la sécurité, me glisse un soignant. Avec deux patients et un infirmier, nous traversons la grande cour inhospitalière, passons devant le pavillon Claude et arrivons au niveau d'une cabane en bois abritant les outils de jardinage, des semences et une cafetière. Nous sommes au pied du mur mitoyen du cimetière des Oubliés. On aurait voulu rendre inexistants les hommes psychotiques, schizophrènes paranoïdes, grands pervers sexuels, violeurs ou assassins, jugés irresponsables de leurs actes, on ne s'y serait pas mieux pris. Ils le sont. D'un côté, les morts. De l'autre, les invisibles.

Les patients bêchent, grattent, plantent. La terre est têtue, lente et capricieuse. Ils se cognent à elle. Puis on s'oublie en regardant pousser les fleurs et les légumes, au gré des saisons. Les patients fleurissent aussi. Je marche à côté d'un jeune homme frêle et congelé par le froid de l'hiver. Jean flotte lui aussi dans son manteau et ses bottes en caoutchouc. Il porte de petites lunettes sur le nez. Nous entrons dans la cabane. L'autre patient est plus âgé, grand et renfrogné. L'infirmier est doux. Il prépare un café, s'enquiert de leur moral. Il les observe scrupuleusement comme si chaque mouvement avait une signification. Il prévient qu'il n'y a pas d'obligation à rester dehors, qu'ils pourront se mettre au chaud devant un documentaire. On avale nos cafés.

Il tend à Jean un paquet de graines. À l'arrière de la cabane de jardin, un poulailler abrite trois poules. Jean ouvre délicatement le grillage et leur lance de la nourriture. L'infirmier nous rejoint. Jean demeure pensif devant les poules qui caquètent et qui picorent frénétiquement. Il se saisit de ma présence. Il trouve difficile l'enfermement, depuis quatre ans. Il a commis un acte très grave. Sans plus de précisions, il tente de se justifier, il n'était plus lui-même, il ne comprend pas comment ça a pu arriver. C'est vrai qu'il fumait du cannabis et qu'il était déjà très mal, habité par une grande souffrance. Le plus difficile aujourd'hui pour lui est d'accepter sa maladie, la prise des médicaments, sans savoir quand il pourra sortir. Les médecins lui ont signifié qu'il n'était pas encore prêt. Il lui reste sa grand-mère de 102 ans, qui vient lui rendre visite et lui apporte des gâteaux. Son frère, quelquefois au téléphone. Personne d'autre. Il a certainement tué un proche. « Accepter d'être psychotique, c'est accepter de ne pas vivre comme les autres », souffle-t-il. Supporter une maladie, la sienne, jour après jour. Qui lui dicte son humeur, et qui transforme chaque individu en un intrus potentiel. L'infirmier tourne autour du cabanon, inquiet de ne plus nous avoir dans son champ de vision. Je le vois passer une tête, les traits tendus. Nous sommes debout et calmes.

Cette rencontre-là m'a bouleversée. Je n'ai pas pu, en rentrant dans le studio, penser à autre chose. Alors je me suis mise à chercher des articles qui auraient pu recenser son histoire. En quelques minutes, je trouve. Dans l'obscurité d'une crise de démence, Jean, à l'âge de 25 ans, a tué sa mère. Il l'a poignardée, puis démembrée et enfin a tenté de brûler les parties de son corps dans la cheminée. Il adorait sa mère qui avait tout essayé pour le sauver. La rupture des traitements a mis Jean K.-O. Dans des textes retrouvés après le drame, cette mère écrit son désarroi. Comment l'obliger à prendre ses médicaments ? Qui pour lui venir en aide ? Personne apparemment. La mère devenue l'intruse, l'espace d'une crise de démence.

Il fait – 5 °C. Sous un soleil hivernal, Bruno et Élias nettoient la route, arrachent les mauvaises herbes qui poussent le long des trottoirs. Absorbés par leur tâche, ils ne me voient pas. Sur ce vaste terrain entouré de vignes se déploient un château viticole, quelques bâtiments désuets, une immense serre et un potager. À trois kilomètres de Cadillac, dans le village de Laroque, j'entre dans l'hôpital de jour Regain, qui accueille chaque jour des patients de l'hôpital psychiatrique. Pas de grillage, pas de murs. Le regard peut se promener librement. Les êtres humains aussi. Ils viennent pour retrouver confiance, faire dérailler la maladie en occupant les mains et l'esprit. Bruno pousse une brouette remplie de mauvaises herbes jusque dans la serre, située à quelques pas d'une rivière que l'on entend couler.

Je l'ai déjà croisé dans la rue Cazeaux-Cazalet, marchant le buste légèrement en avant, les bras pendants. Avec sa raie au milieu et ses frisettes, ses yeux clairs figés et son visage inexpressif.

À l'intérieur de la serre, ça sent bon l'humus. Plusieurs jardiniers s'affairent autour de tout petits pots de géraniums, pour faire du semis, du rempotage et des transplantations. Bruno fait partie de la dizaine de patients à avoir intégré la Maison de la réhabilitation, une grande bâtisse voisine de l'hôpital, dotée de chambres individuelles. Un sas entre l'hospitalisation et la sortie définitive. Il a passé vingt ans à l'hôpital psychiatrique. La prochaine étape : trouver un appartement à Cadillac et nulle part ailleurs. Il s'y sent bien avec ses amis du bout de la rue, de petits dealers de drogue. Un jour, il sera libre. Bruno s'avance vers moi, le front perlé de sueur. Une infirmière, en charge d'encadrer les patients, se tient à côté de lui. Bruno voudrait me dire que son père a touché ses petits frères et sa sœur. Il en a abusé sexuellement. Et il voudrait déposer plainte. Ce père, il est dangereux. Il ne veut pas qu'il continue ses saloperies. Surprise par la loquacité soudaine de Bruno, l'infirmière embarrassée lui assure que ce n'est pas le lieu, que je ne peux pas l'aider. Ce n'est pas ce qui compte. Il m'a parlé.

Je remonte la pente en direction du bâtiment qui accueille les activités manuelles et artistiques. Il est bientôt l'heure du repas. Les patients ont pris l'habitude de s'asseoir à distance les uns des autres. Une sérénité règne. Chacun paraît apaisé. Je me poste non loin d'un homme seul à une table. La cinquantaine, il a des cheveux blonds en bataille. Il me lance des regards comme pour se donner du courage et me sourit. Curieux de ma présence, il se présente. «Je suis Charles et vous?» De loin, plus tôt dans la matinée, je l'ai aperçu dans le potager bêcher la terre. Je remarque ses bagues aux doigts et une croix autour du cou. Un fan de Johnny Halliday. Il connaît tous ses albums par cœur. Il a été l'écouter en concert cinq fois. Il vit dans une famille d'accueil à Cérons, près de Cadillac. Il aime rester dans sa chambre à écouter de la musique. Un solitaire, voilà tout. Il consulte un psychiatre au centre médico-psychologique de Cadillac deux à trois fois par mois. Le psychiatre veut que Charles parle de ses sentiments, communique davantage. Mais le psychiatre est un homme froid, se défend Charles. Se livrer dans la froideur, il n'y arrive pas.

Sinon, Cadillac, précise-t-il, c'est une chanson de Johnny. En même temps que son visage s'illumine, il chantonne : « J'veux plus courber l'échine/J'veux plus saluer bien bas/Je veux plus qu'les gens d'en haut passent et me voient pas/Cadillac/Oh, il était comme ça/Cadillac, si on t'aime pas, tu t'en vas. » Les voilà ses émotions. Johnny a parlé pour lui. L'unité Regain porte bien son nom. Les patients sont là pour retrouver ce que la maladie leur a pris. Un souffle par petites touches. Je croise Geneviève, avec une de ses belles robes, tout droit sortie de l'unité Marguerite. Elle a les yeux hagards. Je m'approche, lui demande si elle me reconnaît. Elle sourit. Ça doit vouloir dire oui. Une aide-soignante qui s'occupe de l'atelier couture nous fait entrer dans cette toute petite pièce de huit mètres carrés. Elle est remplie de tissus et toiles multicolores. Une machine à coudre trône au milieu. Trop épuisée, Geneviève n'utilisera pas ses mains aujourd'hui. Une autre patiente qui vit à Cadillac tient une aiguille dans la main et s'apprête à fabriquer une pochette de toilette en tissu. Le lieu est propice aux confidences. Naïma, l'aide-soignante, effectue des gestes précis et lents. Elle propose. Les patientes disposent. Puis se livrent ou pas.

Dans la salle d'arts plastiques, les rayons du soleil transpercent les vitres. Quatre patients et Charlotte, infirmière plasticienne, sont assis autour d'une grande table. Jérôme complète un puzzle de mille pièces. Simon se lance dans l'expérience du cyanotype. Théo creuse sa gravure et Germaine décore sa pochette à dessin. Il y a de l'écoute, du respect et des compliments. « Bravo Germaine, je suis fière de toi », articule lentement Simon. Germaine, petite dame âgée recourbée, dessine un soleil couchant. Le style est enfantin. De larges coups de bleu partent à l'horizontale. La mer et ses vagues, de petits accents circonflexes. Elle porte un coquelicot dans ses cheveux cendrés.

Après de longues minutes, elle parle sans quitter des yeux son dessin. Dans le creux de sa phrase, j'entends à quel point son mari a failli. Je lui demande s'il a été violent. « Oh que oui », murmure-t-elle. Il a commis un inceste sur trois de ses enfants.

Il l'a battue, frappée, humiliée. Elle a supporté. « Mais il faut aussi le comprendre parce qu'il n'a pas été aimé par ses parents », pointe-t-elle. Germaine s'est fait hospitaliser à Cadillac pendant quelques années. Son psychiatre l'a sauvée. Elle a presque terminé son ciel bleu. J'entends sa respiration, ses pauses, son cheminement. Elle en a mis du temps pour trouver l'envie de rester vivante. Elle restaure, se restaure. Il est l'heure de débaucher.

Naïma, l'aide-soignante, propose de me raccompagner en voiture jusqu'au centre de Cadillac. Elle m'offre une pochette décorée de petites cerises et de fleurs. Un ruban rouge vif permet de la resserrer. Je suis émue. Il suffit de quelques minutes dans cet endroit minuscule pour sentir combien elle croit en son métier, combien elle rassure et fait cheminer ces âmes errantes pour recoudre, réparer, assembler. Où est l'endroit, où est l'envers. Le sens du tissu, la lisière et le droit-fil. Il faut posséder une immense dose de patience et d'humilité pour accepter que, des semaines et des mois durant, la même scène et les mêmes mots se rejouent. Il faut accepter l'impression d'un surplace. Un jeu étrange de tectonique des plaques. Comme elles, les patients rigides se déplacent sans se déformer, les uns par rapport aux autres, sinon aux abords. Personne ne ressent le mouvement. Et pourtant, il existe.

Je la regarde une dernière fois avant de descendre. Je fixe son visage lumineux et présent au monde.

Cette nuit-là, je rêve de mon père. Dans mon rêve aussi je dors. Et c'est là, dans cette incroyable mise en abîme, que mon père m'ouvre la porte. Il porte un jean, une chemise blanche et des santiags. Il doit avoir la quarantaine. Il est ravi de me voir et fait ce geste de la main pour m'inviter à entrer. Il n'est pas seul. Derrière lui, une sorte de fête colorée avec des amis. Il est heureux de me voir. Je m'engouffre. Il me serre dans ses bras et se métamorphose en Johnny Hallyday. Je me réveille, envahie par une joie rare.

Je suis triste ce matin. Je quitte Cadillac. Je ne reviendrai plus. Je croise Samuel en allant chercher un sandwich. Je lui annonce mon départ. Il me propose de m'accompagner à la gare. Je suis touchée. Je mesure la force de notre attachement. La veille, Manou m'a proposé la même chose. Ils paraissent aussi désolés que moi. Je me suis fondue dans le paysage. On ne choisit pas Cadillac par hasard et on ne la quitte pas indemne.

Mon sac est prêt. Je retrouve Manou devant la mairie. Nous voilà parties à pied. Les boutiques défilent. Je pars mais la vie continue, au même rythme. Nous croisons Marie-Ève, l'air fâchée, avec son chien, qui nous dit à peine bonjour. Nous la voyons sombrer dans la maladie, jour après jour, impuissantes. Manou est inquiète, elle veille de loin en loin sur elle. Je suis désormais remplie de mille visages familiers. Je me suis mêlée aux inadaptés, délirants, déraisonnables ou forcenés. Je les ai écoutés. Je me suis imprégnée de leurs vies. J'ai vécu parmi eux. Ils m'ont accueillie. Nous avons cheminé. Nous nous sommes amadoués puis nous sommes attachés. Ils m'ont bouleversée. Nous traversons le pont. Toujours avec la même anxiété. Après être arrivée à l'autre bout, j'entends une voix qui crie mon prénom. Je m'arrête. Je me retourne. Sam. Il court vers moi, il pleure. Il voulait encore une fois me remercier, me dire adieu. Il dit qu'il est heureux de m'avoir rencontrée. Je serre dans mes bras ce colosse aux pieds d'argile. « Prends soin de toi, Ixchel ! » lance-t-il. Je marche et je pense à ce pot de confiture, fait par sa mère, qu'il m'a offert avec cette étiquette collée où il est écrit « Jeannine Prune juillet 2019 ». J'étais montée au troisième étage de son immeuble, rue Cazeaux-Cazalet. Il était si essoufflé. Il m'avait fait entrer dans une grande pièce décrépie sous les toits, sombre, remplie d'objets en vrac et de cartons. Les enceintes diffusaient du reggae. Il avait posé sa carcasse fatiguée sur un matelas tout mou. Sur une table, une rose jaune et fraîche attendait sagement. Il l'avait saisie et me l'avait offerte. Quand j'étais rentrée dans mon studio, je l'avais aussitôt calée au milieu des pages du livre de Thierry Metz. Mon père m'avait appris cette technique pour fixer une fleur dans le temps. Elle y est toujours, page 87.

« Aucun baiser le soir. Aucune tendresse. Le lit. Les comprimés. L'avant-goût de pourrir sur un tas de feuilles mortes. Il y avait pourtant de quoi faire. Il était une fois... »

Épilogue

Elle est assise sur un fauteuil marron, à l'entrée de l'appartement du rez-de-chaussée. Immobile, elle fume une cigarette. J'ai 7 ans. Je la regarde à peine. Je traverse la salle à manger en courant et m'empresse d'aller embrasser ma grand-mère, installée dans un fauteuil, son perroquet vert sur l'épaule. J'ouvre la porte vitrée qui donne sur la courette où je joue à attraper des colibris qui butinent un immense bougainvillier rose. Dans le ciel, des avions rasent la ville de Mexico, je suis familière depuis ma naissance du vrombissement des moteurs.

Chaque dimanche, ma mère et moi allons rendez visite à ma grand-mère Josefina et sa fille aînée, Jochita, la demi-sœur de ma mère. Les cheveux de cette tante sont mal peignés, brun foncé. Ses ongles sont immensément longs et s'enroulent sur eux-mêmes. Je l'ai toujours trouvé étrange, comme absente. Je n'ai jamais compris pourquoi. Pendant que j'écris ce livre, ma mère élucide le mystère. Dans le Mexique des années 1950, Jochita épouse un médecin. Elle est une belle jeune femme aux yeux clairs. Jochita a de belles formes. Mais s'estime trop grosse. Son mari lui suggère des amphétamines.

Elle avale le coupe-faim pendant des années. La dépression s'installe sournoisement. Jusqu'au jour où une psychose se déclenche. Ma mère et ma grand-mère assistent impuissantes à cette noyade. Jochita devient agressive. Ses hallucinations l'envahissent. Elle voit double dans le miroir. Elle est internée à l'hôpital psychiatrique Floresta de Mexico. On lui administre des électrochocs. Elle ressort trois mois plus tard. Et reprend son traitement d'amphétamines. Les hallucinations reviennent. Elle refait un séjour en hôpital psychiatrique. On lui administre cette fois des chocs insuliniques, un coma hypoglycémique. Un des seuls traitements avant l'arrivée des neuroleptiques. Jochita ne s'en relèvera jamais.

La maladie mentale est si près de chacun de nous, quand elle n'est pas en nous. Elle fait si peur qu'elle est indicible. On ne parle pas de sa grand-mère morte internée dans un asile. On ne parle pas du fils qui s'est suicidé par mélancolie, bipolarité ou dépression. On ne parle pas du cousin hospitalisé à l'hôpital psychiatrique pour violences. On ne parle pas. Quand j'ai commencé à m'immerger puis à me laisser submerger par ce monde à part, je me suis mise à raconter, autour de moi, ce voyage en terres intérieures. Et la parole s'est libérée. Ce qui ne se dit pas par pudeur ou par honte est remonté à la surface. J'offrais un espace. D'abord, il y a eu l'épouse d'un ami, qui s'est pendue après que l'hôpital l'a laissée rentrer chez elle. Elle était schizophrène. Puis une écrivaine qui m'a dévoilé sa détresse et sa solitude de mère face à un fils bipolaire. Quelques mois avant, il avait voulu se suicider. Et cet instituteur à la retraite, passionné d'art brut, qui m'a confié que son frère était schizophrène, et que grandir avec un être malade avait certainement influé sur sa perception du monde. Une amie journaliste m'a avoué avoir été hospitalisée à plusieurs reprises, avant d'être diagnostiquée schizo-affective. Elle avait été choquée du mélange des pathologies à l'hôpital. Les médecins ont mis des années avant de lui trouver le bon traitement. Aujourd'hui, elle vit avec. Personne ne pourrait le deviner.

À Cadillac, la maladie est partout. Cette ancienne bastide concentre plus qu'ailleurs un monde fou. Au point que même certains patients à leur arrivée espèrent la quitter au plus vite, préférant l'hôpital Charles-Perrens de Bordeaux. Personne ne veut d'étiquette ni de stigmate. On se dilue dans la masse même si celle-ci ne vous comprend pas.

En racontant la puissance de cet univers en soi, j'ai plongé dans les affres de la maladie mentale. J'ai avancé dans ce labyrinthe tortueux jusqu'à découvrir le singulier de ceux qui s'y pelotonnent. La folie n'est ni un état définitif ni une essence. Elle peut essaimer partout, à des degrés divers, à plusieurs instants de la vie. Surgir au dépourvu, au détour d'un choc, d'une rupture, d'un accident. D'une rive à l'autre, de moi à eux, au-delà de nos effrois, il était une fois, à Cadillac, la folie en face, en plein cœur, révélatrice des profondeurs de notre humanité, de notre fragile et insondable condition.

Remerciements

D'abord, merci à tous les patients qui ont accepté de se dévoiler. Sans eux, sans leur confiance, ce livre ne serait pas ce qu'il est.

Je voudrais remercier Patrick Faugerolas, directeur général du pôle hospitalier Sud Gironde et Philippe Marlats, directeur délégué du centre hospitalier de Cadillac ainsi que Jocelyn Doré, maire de la ville, de m'avoir fait confiance et d'avoir permis la réalisation de ce projet.

Un immense merci aussi du fond du cœur à Éric Garcia, animateur de talent de la maison des usagers et à Annick Sicali, infirmière de proximité et chargée de la culture à l'hôpital, pour leur aide précieuse à tout moment, leur souci indéfectible des patients et pour leur immense gentillesse.

Merci à Serge Bédère pour sa sagesse et son soutien sans failles.

Merci à Jean-Paul Thalus, cadre de l'unité Marguerite, qui m'a autorisée avec générosité à partager le quotidien de son unité. Merci pour nos échanges francs et instructifs. Merci aux soignants de Marguerite.

Merci à Michel Combret pour nos échanges et pour sa transmission des savoirs.

Merci à Maxime Kircher pour nos longues discussions et à Alexandra Rosiek de m'avoir fait partager son paradis.

Merci au docteur Gabriel Mihailescu, pédopsychiatre à l'hôpital de Cadillac, pour sa disponibilité et son aide.

Merci à Fabrice Garnier pour nos discussions éclairantes et pour sa confiance ; merci à toute l'équipe de l'hôpital de jour Regain.

Pour leur accueil, merci aux équipes de Pinel, de l'unité court séjour, de l'unité intersectorielle d'activité thérapeutique Falret, de Charcot, de l'UMD et de l'unité d'ergothérapie de l'UMD.

Merci à la docteure Aurélie Rust pour son accueil bienveillant à l'unité court séjour.

Merci aux équipes du SASS et du GEM de Cadillac.

Merci à Christian, président du GEM, pour sa disponibilité et son engagement.

Merci à Matthieu Gerbault, conservateur à la bibliothèque Mériadeck de Bordeaux.

Merci à Cat Dussillols et Marc Torralba des éditions du Castor Astral.

Merci à Michèle et Sophie Médeville pour le temps partagé et pour leur engagement auprès de tous les Cadillacais.

Merci à Marie Müller de l'Unafam pour nos échanges éclairants et pour l'immense soutien qu'elle apporte aux patients et à leur famille. Hommage et remerciement aussi à Dominique Lataste (Unafam), décédée lors de mon immersion, qui a déployé une énergie rare pendant de longues années pour le bien-être des patients et leur entourage.

Merci à Cécile Moran, documentaliste de l'hôpital, pour le partage d'archives.

Merci à Jacques Brisset de m'avoir confié le fruit de ses recherches.

Merci au docteur Patrick Le Bihan et à Catherine Lopy.

Merci à Olivier du Payrat, administrateur du château de Cadillac, pour sa visite guidée.

Merci à Robert Ruddell et au cinéma Lux.

Merci à Corinne Laulan, première adjointe au maire de Cadillac.

Merci à Karine pour son accueil un soir d'automne.

Merci à Sylvie, Jacques, Christine et Michel.

Merci à Cécile Leblanc, aumônière de l'hôpital de Cadillac, pour sa belle énergie au service des patients.

Merci à tous les habitants et commerçants de Cadillac.

Merci à Christophe Bertrand de la Librairie Jeux de mots pour son accueil et pour son immense gentillesse. Merci à son équipe de choc.

Merci à Florence et à Pascal de la Bohème chic.

Merci à Guillaume du tabac de Cadillac.

Merci aux Éditions Unes pour les magnifiques poèmes de Thierry Metz.

Merci au Centre national du livre pour son soutien.

Merci à Jean-Louis Clément, infirmier puis cadre de santé à la retraite de l'hôpital de Cadillac, humaniste convaincu des bienfaits de la psychothérapie institutionnelle. Cofondateur de l'association Les Passerelles, il s'employait à diffuser un autre regard sur la différence. Il nous a quittés alors que je mettais un point final à ce livre. Jean-Louis, tu voulais absolument l'acheter, pour soutenir les auteurs et les libraires, disais-tu. Tu as œuvré toute ta vie pour redonner à la psychiatrie un visage humain. Ce livre t'est dédié.

Je veux ici remercier Sophie de Sivry, fondatrice des éditions de l'Iconoclaste, disparue en mai dernier, qui a accueilli ce projet avec beaucoup d'enthousiasme. Je pense à elle. Je lui dédie aussi ce livre.

Je dis à Sylvie Gracia, mon éditrice, toute ma gratitude. Merci de m'avoir accompagnée avec justesse et sensibilité dans cette nouvelle aventure littéraire.

Enfin, éternel merci à mon compagnon chéri, Olivier.

De la même autrice

Les Raisins de la misère. Une enquête sur la face cachée des châteaux bordelais, Éditions du Rouergue, 2018

L'Affaire Vincent Lambert. Enquête sur une tragédie familiale, Éditions du Rouergue, 2020

Dame de compagnie. En immersion au pays de la vieillesse, Éditions du Rouergue, 2021

Les Enfants martyrs de Riaumont. Enquête sur un pensionnat intégriste, Éditions du Rouergue, 2022

L'EXEMPLAIRE QUE VOUS TENEZ ENTRE LES MAINS
A ÉTÉ RENDU POSSIBLE GRÂCE AU TRAVAIL DE TOUTE UNE ÉQUIPE.

ÉDITION : Sylvie Gracia
COUVERTURE ET CONCEPTION GRAPHIQUE : Quintin Leeds
RÉVISION : Isabelle Paccalet, Nathalie Mahéo, avec Alice Posière
MISE EN PAGE : Soft office
PHOTOGRAVURE : Point 11
FABRICATION : Marie Baird-Smith
DIRECTION COMMERCIALE : Adèle Leproux
COORDINATION ÉDITORIALE : Thomas Garet
RELATIONS LIBRAIRES : Alexandra Profizi
PRESSE : Marie-Laure Walckenaer
COMMUNICATION DIGITALE : Alice Huguet

RUE JACOB DIFFUSION : Élise Lacaze (direction), Katia Berry (grand Sud-Est), François-Marie Bironneau (Nord et Est), Charlotte Jeunesse (Paris et région parisienne), Christelle Guilleminot (grand Sud-Ouest), Laure Sagot (grand Ouest), Diane Maretheu (coordination), Charlotte Knibiehly (ventes directes) et Camille Saunier (librairies spécialisées)

DISTRIBUTION : Interforum

DROITS FRANCE ET JURIDIQUE : Bertille Comar
et Geoffroy Fauchier-Magnan
DROITS ÉTRANGERS : Sophie Langlais et Ella Bartlett
DROITS AUDIOVISUEL, THÉÂTRE, PODCAST : Alba Beccaria
et Geoffroy Fauchier-Magnan
ACCUEIL ET LIBRAIRIE : Laurence Zarra et Lucie Martino
ENVOIS AUX JOURNALISTES ET LIBRAIRES : Vidal Ruiz Martinez
COMPTABILITÉ ET DROITS D'AUTEUR : Christelle Lemonnier
Camille Breynaert et Christine Blaise
SERVICES GÉNÉRAUX : Isadora Monteiro Dos Reis

L'ensemble de cet ouvrage a été réalisé dans le respect des règles environnementales en vigueur. Il a été imprimé par un imprimeur certifié Imprim'vert, sur du Lac 2000 PEFC pour l'intérieur et une carte Crescendo PEFC pour la couverture.

Achevé d'imprimer sur les presses de l'imprimerie XXX à xxx (département) en août 2023.

ISBN : 978-2-37880-383-4
Numéro d'impression : XXX
Dépôt légal : Octobre 2023

En France, un livre a le même prix partout. C'est le « prix unique du livre » instauré par la loi de 1981 pour protéger le livre et la lecture. L'éditeur fixe librement ce prix et l'imprime sur le livre. Tous les commerçants sont obligés de le respecter. Que vous achetiez votre livre en librairie, dans une grande surface ou en ligne, vous le payez donc au même prix. Avec une carte de fidélité, vous pouvez bénéficier d'une réduction allant jusqu'à 5 % applicable uniquement en magasin (les commandes en ligne expédiées à domicile en sont exclues). Si vous payez moins cher, c'est que le livre est d'occasion.